4대강 X파일
물 부족 국가에 대한 감춰진 진실

4대강 X파일_물 부족 국가에 대한 감춰진 진실

처음 펴낸 날 | 2011년 7월 11일

최석범 지음

기획 | 강제윤
책임편집 | 박지웅

펴낸곳 | 도서출판 호미
펴낸이 | 홍현숙
편집 | 조인숙, 박지웅
등록 | 1997년 6월 13일(제1-1454호)
주소 | 서울시 마포구 서교동 339-4 가나빌딩 3층
편집 | 02-332-5084
영업 | 02-322-1845
팩스 | 02-322-1846
전자우편 | homipub@hanmail.net

표지, 본문 디자인 | (주)끄레 어소시에이츠
인쇄 | 대정인쇄
제본 | 성문제책

ISBN 978-89-88526-39-2 03300
값 | 13,000원

ⓒ최석범, 2011

(호미) 생명을 섬깁니다. 마음밭을 일굽니다.

4대강 X파일
물 부족 국가에 대한 감춰진 진실

최석범 지음

호미

프롤로그　'물 부족 국가'란 새빨간 거짓말　06

제1장 성장제일주의가 부른 인재
　　우리는 왜 수해를 입는가　13
　　우리나라는 자연의 축복을 받은 나라　15
　　수도권 패권주의, 상류 주민에게만 희생과 불이익 강요　16
　　정권의 시녀로 전락한 기관들, '정책실명제' 이루어져야　21

제2장 우리가 사용 가능한 물의 총량과 필요총량
　　우리나라는 물 63퍼센트 흘려버리고 37퍼센트만 사용　35
　　홍수량 산정은 한 가지 변수에도 700퍼센트까지 편차 발생　36
　　우리나라 수자원 총량은 얼마나 되나?　47
　　우리가 사용할 수 있는 물의 양은 얼마나 되나?　48
　　우리가 필요한 물의 총량은 얼마나 되나?　50
　　물의 재이용　54
　　사용 가능량과 필요량 비교　57

제3장 물 부족 국가, 진실 혹은 거짓
　　물 부족 국가라는 말은 어디에서부터 시작되었나?　61
　　가뭄의 유형　64
　　물 부족은 사실 공급 시설 부족이다　67
　　물 부족 국가는 일주일에 목욕 한 번 하기 어려운 나라　71
　　물 복지 국가를 판단하는 요소들　72
　　물 부족 여부 평가　73
　　유엔은 한국을 물 부족 국가로 지정하지 않았다　90
　　한국은 물 풍족 국가이며, 물 복지 국가　91

오락가락하는 물 부족량 발표, 왜 매번 바뀌는가?　96
농업용수 2퍼센트 절약, 댐 수십 개 지은 효과　99
물 부족으로 인한 고통과 대책　101
물 부족 대책으로 어떤 것들이 있나?　108

제4장 부패와 왜곡으로 얼룩진 4대강 사업
4대강 살리기는 무엇을 위한 사업인가?　119
4대강 사업의 추진 경위와 사업의 주요 내용　123
제방, 낙차공, 댐, 보, 저수지, 조절지는 어떻게 다른가?　128
공종별로 얻어지는 효과　131
목적도 경제성도 불분명한 4대강 사업　142
무엇이 죽었기에 살리겠다고 하는가?　147
준설로 본류 수위를 낮춰도 지류 홍수 피해를 줄일 수 없다　149
보는 용수공급 증가 효과가 없다　157
4대강 사업은 왜 운하의 전 단계인가?　163
부패와 왜곡으로 얼룩진 4대강 사업　168

제5장 대안은 자연하천 복원이다
'자연형 하천 복원'을 주창하던 정부, 4대강 사업에 올인　181
댐은 교과서에서 배운 것처럼 좋기만 한가?　184
우리가 지향할 하천은 '자연 같은 강 복원'　192

에필로그　물 관련 정책의 민주화를 위해　199

프롤로그

'물 부족 국가'란 새빨간 거짓말

"우리나라가 물 부족 국가인가?" 하고 물으면 우리나라 사람 대부분이 "그렇다"고 대답할 것이다. 그러나 그들에게 "물이 부족해서 생활하는 데 불편을 느끼는가?" 하고 물으면 거의 모두 "그렇지 않다"고 대답할 것이다.

많은 사람이 '유엔이 지정한 물 부족 국가'라는 정부 말을 사실로 받아들이고 있다. 그리고 지금 '경제를 살리고, 국토 균형 발전을 꾀하며, 환경을 되살리고, 문화를 꽃피우는 한국형 녹색뉴딜사업'이라는 명분으로 추진하는 4대강 사업은 그 바탕에 우리나라가 물 부족 국가라는 전제가 깔려 있다.

정부는 일자리 창출, 수자원 확보, 홍수 방지, 수질 개선 따위를 내세우면서 4대강 사업을 강행하고 있다. 그러나 4대강 사업을 떠맡아 주체하기 힘들 만큼 일이 넘치는 몇몇 재벌 건설 회사를 제외하고는, 다들 경제가 갈수록 죽어 간다고 아우성이다. 중장비뿐인 건설 현장에 가 보면 '일자리 창출을 위하여'라는 말이 얼마나 허황된 주장인지 쉽게 확인할 수 있다. 그뿐이랴. 4대강 사업으로 말미암아 강 생태계가 죽어 가고 자연환경이 파괴되고 있다. 그래도 순진한 국민은 4대강 사업이 수자원 확보와 홍수 경감에 작으나마 보탬이 되리라며 애써 위안으로 삼는다. 하지만 이 또한 부질없는 기대다. 본문에서 밝히겠지만, 우리나라는 필요한 수자원 양보다 사용할 수 있는 수자원 양이 훨씬 많으며, 여느 선진국 못지않게 물을 풍부하게 쓰고 있으며, 댐이며 정수장 같은 물 공급 시설을 잘 갖춘 나라이다. 특히 4대강 본류 주변에 사는 주민은 '수질 오염 사고'에 대한 불안을 느낄 수는 있을지언정, 수자원 양이 모자라서 물을 사용하는 데에 불편을 느끼거나 하지는 않는다. 다만 몇몇 섬 지역이나 지대가 높은 곳의 일부 주민이 불편을 느끼는 정도인데, 이들 지역도 실제로 물이 부족한 것이 아니라 물 공급 시설이 부족한 탓에 불편을 겪고 있다.

경제협력개발기구(OECD)가 가입국 가운데 스무 나라를 뽑아 분석한 결과 우리나라가 멕시코 다음으로 물값이 싼 것으로 드러났다. 우리나라의 1인당 하루 물 소비량은 340리터로, 독일 132리터, 프랑스 280리터보다 훨씬 더 많다. 게다가 먹는 물로 세차하고, 변기 물 내리고, 정원에 물을 주고, 하루에 한두 번씩 목욕하고는 한다. 그뿐만이 아니다. 농업용수는 공짜로 공급된다. 우리나라에서 1년 동안 순수하게 필요한 수자원 양은 272억m^3인데, 쓸 수 있는 수자원 양은 723억m^3나 된다. 현실이 이럴진대 어찌 우리나라를 물 부족 국가라 하겠는가? 온종일 걸어서 흙탕물 한 동이 겨우 얻는 나라가 정말 물이 부족해 불편을 겪는 나라이다. 그렇건만 우리는 우리가 얼마나 물을 맘껏 풍요롭게 쓰고 있는지 잘 깨닫지 못하고 있다. 실제로는 부족하지 않은데, '유엔이 지정한 물 부족 국가'라는 무차별 광고와 학습 효과로 말미암아 국민 대부분이 우리나라는 물이 부족한 나라인 줄 아는 것이다.

나는 이 책에서 수자원 전문가로서 4대강 사업이 수자원 확보와 홍수 대책과는 무관할 뿐더러, '한국은 물 부족 국가가 아님'을 증명하려고 한다. 무엇보다도 4대강에 거대한 보洑 16개를 연달아 세워서 가뭄과 홍수 대책에 쓰겠다는 정부 주장이 터무니없는 거짓임을 밝혀 보이겠다. 보는 수위를 높이는 시설이지 물을 저장하는 시설이 아니다. 따라서 가뭄에 아무런 쓸모가 없다. 또 보는 댐하고 달라서 홍수기에 물을 저장했다가 갈수기에 꺼내 쓰는 유량조절 기능이 없다. 유입되는 수량에 비해 저류할 공간이 아주 작기 때문에 유입된 거의 모든 물을 그대로 방류해야 한다. 곧, 보는 용수공급 기능도 없고, 홍수조절 기능도 없다. 이는 오직 보의 기능만을 잘해 내는 팔당댐, 의암댐(국토해양부 주장대로라면 '팔당보', '의암보'라고 불러야 옳다)과 댐의 기능을 잘해 내는 소양강댐의 사례를 살펴보면 쉽게 이해할 수 있다. 팔당보는 연간 유입량이 167억m³인 것에 견주어, 홍수조절을 위한 공간은 전혀 없고, 용수공급을 위한 공간이래야 겨우 1,800만m³로 무시해도 될 정도이다. 결국 홍수조절 효과도, 용수공급 증가 효과도 전혀 없다. 반면에 소양강댐은 연간 유입량 17억 5,000만m³에 견주어 홍수조절 공간 7억 7,000만m³, 용수공급용 공간(유효 저류 용량) 19억m³를 가지고 있어, 홍수조절 및 용수공급 기능이 탁월하다. 그 이유는 목적으로 하는, 유입량에 따른 해당 저류 공간 비율(저류 공간/유입량)에 의해 효과가 좌우되기 때문이다. 보는 오히려 지하수위를 높이기 때문에 주변 지역의 건물이나 농토의 침수 피해를 가중시키고, 또한 홍수위를 증가시켜 홍수 피해를 키울 뿐이다.

하상 준설(강바닥을 파냄)로 홍수 피해를 예방할 수 있다는 정부 주장도 사실과 다르다. 하상 준설은 보상비가 들지 않고 홍수위를 낮출 수 있어 경제성이 높은 수해 예방책이긴 하다. 그러나 수해 예방을 목적으로 하상 준설을 하는 경우는 기존 하천의 폭과 깊이가 과도하게 울퉁불퉁하여 물 흐름을 방해할 때에만 수위 목표를 정하여 부분적으로 하상을 정리하는 차원에서 준설하는 것이 보통이다.

지금 4대강 사업이 한참 진행 중인 낙동강에서 파내는 준설량 4억 4,000만m³는 어느 정도일까? 낙동강 하굿둑에서 안동댐까지 330킬로미터에 이르는 길이폭 300미터, 깊이 4.4미터로 파낸다고 생각하면 된다. 지금 정부는 홍수위를 낮추기 위해 강바닥을 준설한다면서 곧바로 수위를 높이는 보를 건설하고 있다. 일반 상식으로는 도저히 이해할 수 없는 공사를 하고 있는 셈이다. 이것만으로도 4대강 사업은 치수가 목적이 아님을 알 수 있다. 또 정부는 하상 준설로써 홍수위를 낮출 수 있다고 주장하지만, 사실은 그렇지 않다. 하상 준설은 본류의 홍수위와 '높이가 같은' 지대에서만 수위가 낮춰지는 효과가 있을 뿐, 하상 준설 구간을 벗어나면 수위 저하 효과는 사라진다. 이는 4대강 강바닥을 아무리 깊이 파낸다고 한들 4대강 본류 수위보다 '높은' 지대에 있는 지류의 홍수 피해는 막을 수 없다는 뜻이다. 홍수 피해를 줄이자면 4대강 본류의 강바닥을 파낼 것이 아니라, 우리나라에서 발생하는 홍수 피해의 94퍼센트를 차지하는 지방2급하천이나 소하천의 강바닥을 정비하는 것이 옳다. 지금 정부가 홍수나 가뭄에 대비한답시고 4대강(한강, 낙동강, 금강, 영산강)을 준설(사업비 5조 2,000억 원)하고 보(사업비 1조 5,000억 원)를 세운다지만, 정작 속셈은 따로 있음을 알 수 있다.

정녕 운하가 아니라 가뭄과 홍수 대책이 목적이라면, 6조 7,000억 원을 들여 보를 세우고 강바닥을 파낼 것이 아니라, 3억m³짜리 대형 댐 여섯 개(규모 2억 7,000천m³인 한탄강댐 사업비는 1조 1,000억 원)를 만드는 것이 치수에 훨씬 효과적이다. 또 4대강 사업에서 치수 목적으로 1조 5,000억 원을 들여 길이 620킬로미터에 걸쳐 고품격 제방을 쌓을 계획이라면, 차라리 비용을 조금 더 들여서 더 안전하고 초호화판 공원 같은 슈퍼 제방을 쌓는 것이 치수에 훨씬 효과적이다. 더구나 하류 보에 의해 강 수심을 6미터에서 4미터 깊이(우리나라 하천 시설 기준에 3,000톤 급 대형 바지선 흘수는 2.8미터이므로 수심 3.6미터면 충분히 운행 가능)로 만드는 작업이 끝날 즈음에 또 다시 보를 세워 전 구간을 일정한 폭과 수심을 가진 계단식 호수로 만들 것이라 하니, 이는 가뭄이나 홍수 피해를 줄이기 위한 대책이라기보다 운하를 만들기 위한 전 단계라고밖에 달리 생각할 길이 없다.

나는 1981년부터 오늘에 이르기까지 전국의 하천과 댐 계획, 설계 및 공사, 감리에 참여해 왔다. 한강종합개발, 한탄강하천정비, 진주남강댐, 평화의댐, 횡성댐, 태백광동댐 등의 타당성 조사, 설계, 감리에 참여했고, 여러 하천과 댐의 환경영향평가, 재해영향평가에도 참여했다. 1995년부터는 물의 도시 춘천에 살고 있다. 그동안 물과 맺은 인연이 적지 않은 만큼, 물과 관련해 벌어지는 일의 음지와 양지를 일반인보다는 잘 안다 하겠다. 그 같은 경험을 바탕으로 '우리나라는 물 부족 국가'란 새빨간 거짓말과 4대강 사업에 대한 독자의 궁금증을 풀어 보려고 노력했다.

본문에 들어가기 앞서 밝혀 두지만, 나는 운하 반대론자가 아니며, 댐 반대론자도 아니다. 나라에서 꼭 필요하면 운하든 댐이든 건설해야 할 것이다. 다만, 타당성 여부를 면밀히 검토하고, 사회적 합의를 거친 뒤에 시작해야 한다고 생각한다.

책을 엮으면서 인용한 내용과 그림, 표는 모두 출처를 밝히려고 애썼다. 하지만, 더러 빠진 부분이 있을까 싶어 걱정이다. 사전에 원작자에게 인용할 것을 허락받아야 마땅하지만, 그러지 못한 점에 대해서 양해를 구한다. 이 책이 나오기까지 몇몇 지인한테서 도움을 받았다. 특히 이 글을 끝까지 손봐 주며 격려해 준 강제윤 시인과 최종철 선생, 도서출판 호미에 고마운 마음을 전한다.

2011년 6월 소양호를 바라보며
최석범

성장제일주의가 부른 인재

1

우리는 왜 수해를 입는가

물은 자연의 순환에서 핵심 역할을 한다. 물이 없으면 자연 순환은 멈추고 인류를 포함한 뭇 생명이 모두 종말을 맞게 된다. 물은 생명이 활동하는 데 반드시 필요한 요소이다. 물은 곧 생명인 것이다.

그런데 이 땅에 생명인 물로 사리사욕을 채우는 세력이 있다. 그들은 '한국은 유엔이 지정한 물 부족 국가'라는 거짓 사실을 홍보하고, 이 홍보 효과를 이용해 이권을 얻고, 4대강 사업의 필요성을 강변한다. 그들은 또 4대강 사업으로 "4대강 본류 수위를 낮추면 지류 수위도 낮출 수 있어 지류의 수해도 막을 수 있다"고 주장한다. 심지어 "강원도 동해안 산간의 수해나 산사태 피해 복구비를 포함해 연평균 4조 7,000억 원에 이르는 수해 복구비 몇 년 치(22조 원)를 미리 앞당겨 4대강 본류에 투자하면" 마치 "전국이 홍수 피해를 전혀 입지 않게 될 것"처럼 선전한다. 4대강 본류의 강바닥을 파내고, 보를 세우고, 제방을 쌓기만 하면, 지류들도 수위가 낮아져 주변 계곡이 산사태가 나지 않게 되고, 규모가 더 작은 하천까지도 아무런 피해를 입지 않게 될 것처럼 거짓 정보를 퍼뜨린다. 정부는 전문가들을 동원해 국민을 속이고, 일부 지식인들은 권력의 도구가 되어 자기 영혼을 팔아먹기를 주저하지 않으니, '전문가'라는 명목으로 알

팍한 논리를 개발해 국민을 혼란시키면서 제 이득만 챙길 따름이다.

　자연의 이치에 따라 살아간다면 사실 우리가 물 부족을 겪거나 홍수 피해를 입을 까닭이 없다. 물 이용 측면에서 보자면, 애초에 자연 하천의 갈수량 범위 내에서 물을 사용할 수 있도록 인구정책을 펴고, 도시를 개발하고, 공장을 세웠다면, 구태여 용수공급용 댐은 필요 없을 것이다. 그렇게만 한다면 강의 중상류 중소도시들은 대부분 댐을 건설하지 않고도 필요한 모든 물을 해결할 수 있다. 홍수 방어 측면에서도, 하천과 하천 유역을 옛 모습대로 되돌려 하천 폭을 충분히 넓히고 논, 밭, 습지 등을 훼손하지 않으면, 또 설령 아스팔트 포장이나 지붕으로 덮었을지라도 그에 상당하는 만큼 습지(연못)를 만든다면, 홍수조절용 댐은 필요 없다. 실제로 하천과 논밭과 습지를 대체로 옛 모습대로 둔 곳은 홍수 피해가 거의 없다.

　그러나 산업화와 도시화로 말미암아 우리나라 도시지역 면적은 16퍼센트에 불과한데, 도시에 몰려 있는 인구는 무려 90퍼센트(2010년 7월 통계청 발표)나 된다. 서울은 인구밀도가 강원도의 190배에 이른다. 그러니 자연 갈수량 범위를 초과하여 물이 필요하게 되었고 이를 해결하기 위해 용수공급용 댐을 건설하지 않으면 안 되는 것이다. 또한, 강폭을 지나치게 줄이고, 지난날 저수지 역할을 하던 논과 습지를 없애고 아스팔트로 덮어 버리니 홍수 피해가 일어나고, 이를 막기 위해 댐을 짓는 것이다. 이제부터라도 현재의 물 공급 능력, 치수 능력에 맞추어 도시를 확장 또는 축소해 간다면 더는 자연을 개조할 필요가 없다. 결국 물 부족 현상이나 홍수 피해는 성장제일주의와 자연의 이치를 거스른 데서 비롯한 인재이기도 하다.

우리나라는 자연의 축복을 받은 나라

우리나라의 기상, 수자원, 방재 전문가 대부분이 1년 강우량의 70퍼센트가 7, 8, 9월 석 달에 집중되어서 해마다 홍수를 겪고 가뭄을 반복적으로 겪는다고 투덜거린다. 그렇다면 비가 집중적으로 내리는 홍수기 없이 연 강수량(1,245mm)이 날마다 일정하게 3.4mm(1,245mm/365일=3.4)씩 내린다면 어떻게 될까? 상황은 더 끔찍해질 것이다. 비가 오자마자 증발하거나 땅속으로 스며들어 계곡이나 호수는 모두 사라지고 말 것이다. 더욱 끔찍한 것은 국토가 오염되어 사람은 물론 다른 동식물이 살 수 없는 '불모의 땅'으로 변해 버린다는 것이다. 여름에 가끔 폭우가 내려 오염된 땅과 하천과 공기를 정화시켜 주기 때문에 우리가 살아갈 수 있는 것이다. 그러니 홍수나 가뭄을 무조건 원망할 일은 아니다.

옛사람은 지행일치를 중시했는데, 오늘날 지식인들은 말과 행동이 따로 노는 데 익숙해져 있다. 늘 물이 부족하다고 말하면서도 실제로는 하루에도 두세 번씩 목욕하고 먹는 물로 정원에 물을 주고 차를 닦는다. 그러나 배움이 없는 사람은 물지게를 지던 옛 시절을 생각하면서 계곡의 물을 집까지 끌어다 주는 수도관, 지하수 펌프를 고맙게 여긴다. 이것저것 따질 필요 없이, 물이 풍족하니까 물을 아끼지 않고 쓸 만큼 싸게 사먹고, 논물을 공짜로 대는 것 아니겠는가? 실제로 2003년 우리나라가 필요한 총 수량은 337억m³이고, 여기에서 하천으로 그냥 흘려보내는 유지용수량(75억m³)을 빼면 순수하게 우리가 사용하는 수량은 262억m³인 반면에, 사용 가능한 수량(하천 유출량)은 민물만 따지더라도 723억m³이니, 우리나라는 36퍼센트만 사용하고 64퍼센트는 버릴 정도로 물이 풍족하다. 물 문제가 심각한 케냐나 에티오피아는 물을 얻기 위해 날마다 몇 킬로미터, 몇십 킬로미터 거리를 오가며, 그나마도 흙탕물을 길어서 식수로 사용한다. 물이 부족한 이스라엘이나 요르단은 물을 2중, 3중으로 재사용하는 것이 일반화되어 사용 가능 양의 110퍼센트에서 150퍼센트 정도를 사용할 만큼 고비용을 치른다. 싱가포르는 사용한 물의 100퍼센트를 재사용하기로 선언했다. 이런 나라들에 비하면 우리나라는 참으로 자연의 축복을 받은 나라다. 게다가 삼면이 바다인 것 또한 크나큰 축복이다. 마실 물이 모자라면 우리는 언제든지, 얼마든지 바닷물을 민물로 바꿔 먹을 수 있기 때문이다.

수도권 패권주의, 상류 주민에게만 희생과 불이익 강요

한강 하류(서울)의 하천 수질 등급[1]을 2급수로 정하고 국가 예산으로 댐이나 하수처리장을 만들어 수질을 유지했으면, 영산강이나 낙동강, 금강 하류 또한 목표 수질을 2급수로 정해 국가가 수질을 유지해야 공평하다. 또 한편으로는, 한강 하류를 2급수까지 오염을 허용했다면, 한강 상류도 2급수까지 허용해야지 지금처럼 더 엄격한 규제를 적용해 불이익을 줘서는 안 된다. 국가 예산으로 대도시를 시간당 강수량 80mm에도 안전하도록 조치했다면, 산간 마을도 시간당 강수량 80mm에도 안전하도록 홍수 방어 시설을 해주거나 그에 걸맞은 배려를 해야 마땅하다. 깨끗한 물을 이용할 권리, 깨끗한 물을 유지할 의무, 홍수 방어를 요구할 권리가 상류 주민과 하류 주민이 동등하게 누리게 해야 형평성 있는 국가 운영이라 할 것이다. 그러나 우리나라는 상대적으로 힘없는 상류

---

1) 하천 수질 등급(환경부): BOD를 기준으로 1등급은 2ppm 이하, 2등급은 3ppm 이하, 3등급은 5ppm 이하, 4등급은 8ppm 이하, 5등급은 10ppm 이하, 6등급은 10ppm 이상.

주민에게만 희생을 강요하고 큰 불이익을 주어 왔다.

강원도 춘천의 댐 주변 지역 사례를 들어 보자. 1990년까지만 해도 댐을 만드는 데 필요한 땅을 수용(매입)할 때 주는 토지 보상금은 그리 많지 않았고, 주변 지원금[2]은 아예 없었다. 그러나 최근에는 토지 보상금이 공시지가의 서너 배 정도로 적지 않은 편이어서, 수몰지 주민의 불만 수위가 예전에 비해 낮아진 편이다. 반면에 댐 주변에 사는 주민은 댐 건설로 인해 생기는 문제들을 고스란히 떠맡고 있다. 그들은 댐을 해체하기 전까지는 이런저런 골칫거리를 안고 갈 수밖에 없다.

예컨대, 소양강댐이 없으면 춘천에서 양구(직선거리로 40킬로미터)로 가려면 자동차로 약 30분이면 되는데, 소양강댐 때문에 1시간 정도 걸린다. 그나마 많이 나아진 것이다. 소양강댐을 처음 착공한 1968년부터 27년 동안은 2시간 30분(춘천-홍천-인제 신남-양구 남면-양구읍) 걸렸고, 터널을 뚫은 1995년부터 14년 동안은 1시간 20분(춘천-화천-추곡터널-춘천-양구) 걸리던 것이, 2009년에 도로를 일부 개량한 덕분에 1시간 정도로 단축된 것이다. 시간과 연료비가 더 드는 것만이 아니라, 그동안 춘천-양구 간 46번 국도는 멀미가 날 만큼 굴곡이 심해 큰 불편을 겪었다. 한기호 국회의원이 "최근 3년간 48건의 교통사고로 105명의 인명 피해가 발생, 마의 구간으로 불리고 있다"(강원일보 2010. 8. 4.)고 지적했듯이, 46번 국도는 전국에서 교통사고 사망자가 가장 많은 흉악한 도로다. 이곳 지역민은 소양강댐 때문에 이런 위험한 도로를 40년 넘게 가슴 졸이며 지나다녔다.

그런 이유로 양구군은 한때 5만 명이던 인구가 2만 명으로 줄어 군郡의 존

---

[2] '댐 건설 및 주변 지역 지원 등에 관한 법률(일명 댐법)'에 의해 수몰지로부터 5km 이내 주민에게 기반 시설 자금으로 초기 300~500억 원, 연간 5~18억 원을 마을 공동시설비로 지원함.

립마저 위협받기에 이르렀고, 소양호 언저리 지역은 땅값이 대지는 평당 8천 원, 임야는 고작 평당 500원 정도로 떨어지는 불이익을 겪고 있다. 압구정동 땅 1평을 팔면, 양구 땅 10만 평을 살 수 있는 것이다.

    이런 문제는 비단 소양호 주변뿐만이 아니라 강원도 전역에서 일어나고 있다. 곳곳이 댐 수몰로 말미암아 교통 오지로 전락하고, 수도권 물 공급을 위한 각종 규제(백두대간 보호 지정, 생태자연도 1등급 지정, 국토환경성 보호지역, 군사보호구역, 수자원보호구역)로 강원도 땅은 170퍼센트가 규제를 받고 있다. 170퍼센트라 함은, 도심지를 제외한 강원도 땅 전체가 두 가지 규제를 동시에 받고 있다는 뜻이며, 더러 세 가지 규제에 묶인 지역도 적지 않다. 이러한 여러 규제 때문에 강원도는 자산 가치가 떨어져 세수가 감소하여 중앙정부로부터 예산 지원이 없으면 지방공무원들의 봉급도 해결할 수 없는 측은한 땅으로 전락하고 말았다. 강원도는 땅은 남한 면적의 17퍼센트를 차지하고 있지만, 인구는 전체 인구의 3퍼센트인 140만 명에 불과하다. 인구수가 곧 힘인 까닭에 강원도 관리들은 수도권 또는 중앙정부 정책에 감히 제 목소리를 내지도 못한다. 수도권은 점점 비대해지고 풍요로워지는데, 강원도는 날이 갈수록 왜소해지고 가난해지는 부익부 빈익빈 현상이 가속화되고 있다.

    어디 교통 불편과 규제로 말미암은 땅값 하락뿐이랴. 2002년 이전까지만 해도 547mm(장흥)이던 국내 하루 최대강우량이 2002년에 870mm(강릉)로 경신됐다. 따라서 기존에 건설된 댐들은 안전을 위해 여러 기준을 새로 적용해야 한다. 이를테면, 소양강댐은 200년 빈도로 나타나는 하루 강우량 약 450mm의 경우에 올라가는 댐 수위에 맞추어 수몰지를 설정하고 그에 따라 보상했는데, 만일 하루에 550mm의 비가 내린다면 비교적 안전하다고 판단했던 댐 상류 수몰지 이상의 지역도 물에 잠기고 말 것이다. 이틀에 걸쳐 630mm가 내린다는 가정 아래 댐의 정상고頂上高를 정해 건설했는데, 만일 이틀 동안의 강우량이 810mm(pmp: 가능최대수량)가 되어 댐 정상을 넘게 되면 흙댐이나 사력댐은 여지없이 무너지고 말 것이다. 이 경우 상류 지역을 보호하거나 댐 붕괴를 막으려면 애초에 정한 양보다 많은 물을 하류로 방류해야 하는데, 그렇게 하면 또 댐 주변 지역이 그에 따른 고통을 겪게 될 것이다.

강원도가 왜 이런 규제와 고통을 받아야 할까? 수도권 주민을 안전하게 지키려고 힘없는 지방의 상류 주민에게 희생과 불이익을 강요하는 '수도권 패권주의' 때문이다. 그런데도 중앙정부의 관리, 국회의원, 언론은 홍수가 났다 하면 기존 댐의 홍수조절 효과를 들먹이며 댐을 더 만들어야 한다고 목소리를 높인다. 더 나아가 잦은 기상이변으로 소양강댐, 충주댐, 화천댐, 팔당댐이 붕괴되면 수도권 지역이 피해를 입을 수 있다며 상류 지역에 내린천댐, 영월댐, 밤성골댐 같은 댐을 더 지어야 한다고 주장한다.

평당 1억 원인 압구정동 땅이나, 평당 1천 원인 양구 땅이나 소중하기는 매한가지다. 평당 1천 원인 산림이 있기에 하늘에서 떨어지는 맑은 물이 모여 크고 작은 하천이 되고 다시 큰 강을 이룬다. 평당 1천 원인 지역에 사람이 띄엄띄엄 살며 오염을 시키지 않는 덕분에 평당 1억 원에 사는 사람들이 맑은 물을 마실 수 있다. 그런데도 패권주의 논리, 황금만능주의, 성장제일주의에 빠진 일부 지식인들은, 수도권을 위해서라면 강원도는 언제든지 수몰시켜도 되는 여분의 땅으로, 얼마든지 희생시켜도 되는 잉여의 땅으로 착각하고 있다.

1970년대 초만 해도 지금의 여의도, 풍납동, 잠실, 압구정동, 반포동 등지는 하천부지나 습지였고, 저류지 역할을 하는 상습 침수지였다. 그때 한강은 은빛 모래가 반짝이는, 강폭이 아주 넓은 자연 그대로의 강이었다. 정부는 그런 한강을 지금처럼 강폭을 좁히고 그 일대 부지를 금싸라기 땅으로 만들고는, 홍수로부터 보호하려고 상류에 충주댐과 소양강댐을 세웠다. 그러더니, 그렇게 해서 누려 온 혜택으로도 모자랐는지, 중앙정부의 공무원, 양심을 파는 전문가, 교수, 언론인들은 댐을 더 지어야 한다고 주장한다. 본디 넓던 강폭을 굳이 좁힘으로써 홍수 유발 조건을 만들어 놓고는, 그로 말미암아 일어날 피해를 덜기 위해 댐을 짓더니, 또 다른 댐을 더 지어야 한다면서 끊임없이 상류 주민에게 정신적, 물질적 피해를 전가하고 있는 것이다.

한탄강댐 건설 문제도 마찬가지다(나는 한탄강댐 기술자문위원으로서 댐 건설 반대편에 섰다). 2000년까지만 해도 임진강 하류 주변 지역(파주, 문산)은 제방이 거의 없는 하천부지였고, 저지대였고, 습지였다. 그런데 임진강 변이 1996년, 1999년 두 차례에 걸쳐 홍수를 겪자 국토해양부는 이것을 복구하기 위해 2000년 초에 습지(자연 하천 주변의 저류지)를 없애고 제방을 쌓아 농토를 조성했다. 그리고는 새로 조성된 농토를, 곧, 임진강 하류 지역을 보호하기 위해 상류에 댐이 필요하다며 한탄강댐을 계획했다. 더구나 임진강 하류 하천 바닥에 제방을 쌓으니 전국에서 가장 높은 제방이 될 수밖에 없었는데, 그 제방이 물이 새서 여러 차례에 걸쳐 수백억 원을 추가로 들여 하자 보수공사를 하기까지 했다. 정부 스스로 강폭을 줄이고 강바닥에 전국에서 가장 높은 제방을 쌓고는, 이를 더 높이면 무너지기 쉽기 때문에, 제방을 높이는 것보다는 상류(한탄강)에 댐을 세워 홍수 부담을 덜어야 한다는 해괴망측한 주장을 펼친 것이다. 피해가 발생할 요건을 정부가 만들어 놓고, 이를 덜겠다고 상류 주민에게 피해를 전가하니, 이런 모순이 어디 있겠는가.

정권의 시녀로 전락한 기관들, '정책실명제' 이루어져야

민심은 곧 천심이라고 했건만, 이명박 정부는 국민의 뜻과 자연 섭리에 어긋나는 4대강 사업을 기기묘묘한 이름과 구색을 내세워 밀어붙이고 있고, 이를 감시하고 견제해야 할 기획재정부, 환경부, 문화체육관광부, 국회, 감사원, 사법부, 언론 들은 정권과 한통속이 되어 제 역할과 책임을 저버리고 있다.

4대강 사업을 한번 살펴보자. 정부를 견제해야 할 사법부는 2009년 11월에 소송을 제기한 4대강국민소송단(원고)의 4대강 사업 취소소송을 1년이 지난 2011년 1월에 모두 기각했다. 물론 2심, 3심의 항고 심리가 남았지만, 대한민국 법조인들조차 '71퍼센트가 유전무죄, 무전유죄가 통하고, 87퍼센트가 권력이나 재력이 재판 결과에 영향을 미친다(법률신문, 2010. 2. 18. 기사)'고 믿는 마당에 원고가 승소할 가능성은 낮아 보인다. 여느 나라 같으면 20년에서 30년에 걸쳐 계획하고 공사할 일을 단 2년 만에 끝낼 계획으로 밀어붙이니, 반대하는 사람들은 지푸라기라도 잡는 심정으로 사법부로 갔을 게다. 하지만, 재판부는 4대강 사업 시작 시점에 걸린 소송을 내내 미루다가 전체 공사가 50퍼센트나 진행되고, 보 건설은 70퍼센트나 진행되어 거의 마무리에 접어든 시점에서야 1심 재판을 끝냈다. 이래서야 앞으로 1, 2년은 더 걸릴 2심, 3심에서 설사 원고들이 승소한들 '버스 떠난 뒤 손 흔드는 격'이 될 뿐이다. 정부는 4대강 사업을 무리하게 강행함으로써 '못 박기' 효과를 노리고 있고, 이를 견제해야 할 사법부는 늑장 재판으로 이를 거들고 있다.

감사원도 정부의 '못 박기'에 힘을 실었다. 감사원은 4대강 사업에 대한 실지감사를 2010년 1월 25일부터 2010년 2월 23일까지 한 달 동안 실시했다. 그런데, 낙동강 하굿둑 운영 수위 적용, 안동댐과 임하댐 효과, 4대강 정비 후 홍수위 적용 문제, 이 세 건에 대한 감사 결과에 국토해양부가 불복하자, 야당에서 감사 결과를 발표하라고 독촉하는데도 '전문가 자문 용역'을 실시하느라고 1년을 끈 뒤 2011년 1월에 감사 결과를 발표했다.

도대체 얼마나 중요한 사안이기에, 일단 설치하고 나면 되돌릴 수가 없는 보 공사를 70퍼센트나 진행시킨 뒤에야 발표할 수밖에 없었을까 싶어, 그 내용을 꼼꼼이 살펴보았다. '낙동강 운영 수위'에 대해서는, 낙동강 하굿둑 건설 당시 운영 수위를 해발 76센티미터로 하지 않고, 주변 침수를 우려해서 해발 30센티미터로 낮춰 계획하였으니 원래대로 적용해야 하며, 이럴 경우 1,407억 원을 줄일 수 있으니 재검토[1]하라고 했고, '안동댐과 임하댐 효과'에 대해서는 애초 3,000만m³의 효과가 있다고 발표한 것을 그 곱절인 6,200만m³의 효과가 있다면서 감사라기보다는 오히려 사업 타당성에 힘을 보태는 역할을 했으며, '4대강 정비 후 홍수위 적용 문제'는 애초 4대강 사업 전 홍수위를 적용하였으나 4대강 사업 후 수위를 적용함이 타당하며 그럴 경우 422억 원을 줄일 수가 있다는 것이었다. 결국 국토해양부가 불복한 그 세 건 모두가 국토해양부가 애초에 잘못한 것으로 드러난 셈이니, 감사원이 국토해양부의 시간 끌기 작전에 말려들었거나 아니면 국토해양부를 봐주려고 작정한 것이라고밖에 볼 수 없다. 국민의 관심도 그렇거니와 문제의 핵심은 '보와 준설의 절차적, 경제적, 환경적, 기술적 타당성 여부'인데, 알맹이와 쟁점은 쏙 빠뜨린 채 '4대강 사업을 기정 사실로 하고, 다만 돈 몇 푼을 줄이는 감사'에 그치고 말았다.

좀 더 자세히 들여다보자. 감사원은 2011년 1월 27일에 14쪽짜리 보도자료와 101쪽짜리 '감사결과처분요구서'를 발표했다. 14쪽짜리 보도자료에는 ①

---

1) 재검토란 1,407억 원을 줄이는 성과를 뜻하는 것이 아니라 감사원의 의견을 참조하여 다시 결정하라는 뜻이다. 일부 언론이나 정치인들은 이를 성과로 알고 있으나 잘못이다.

예비 타당성 조사, 환경영향평가, 문화재 조사 등 법 절차에 문제를 발견할 수 없었고, ②여러 부서가 진행하기에 사업 차질이 우려되었으나 오히려 목표를 앞지르고 있음을 발견했고, ③세부 계획을 검토한 바 미진한 447억 원을 감액 조치하는 등 29건의 처분 요구 및 재검토 통보를 했다는 내용이 담겨 있었다. 101쪽짜리 보고서는 ③의 상세 내역이 전부다.

4대강 사업에서 가장 쟁점이 되는 ①에 대해서는 검토한 흔적이 전혀 없고, 단 아홉 줄로 "각 항목에 대해서 문제가 없다"는 결과만을 나열하고 끝내 버렸다. ②는 감사를 할 건더기도 없다는 것이고, 결국 ③만이 감사 성과라고 할 수가 있다. ③에서 감액 조치했다는 447억 원은 22조 원의 0.2퍼센트에 불과한 금액으로서, 턴키공사 하나를 일반공사로 돌리면 절감할 수 있는 정도의 비용이다. 일부 여당 정치인이 감사 결과 5,000억 원의 절감 효과를 냈다고 극찬했는데, 그 근거('재검토'를 절감 성과로 이해한 듯하다)를 찾아볼 수 없다.

감사원의 발표가 나온 뒤 몇몇을 제외한 대부분의 신문이 사법부와 감사원에서 적법하다고 판단했으니 더는 '소모적인 논쟁', '발목잡기'를 하지 말라는 사설을 실었다. 정론 직필을 펼쳐야 할 언론이 감사원과 사법부를 절대적으로 신뢰해야 한다며 여론 몰이를 한 것이다. 이를 주도한 언론사들이 종합편성채널사업권(2010. 12. 31.)이라는 큰 이권을 거머쥐게 된 것은 우연이라고 보기에는 무언가 어색하다.

공학적인 문제는 항상 효과가 동일한 대안 검토가 필요하며, 동시에 투자 타당성(경제성)검토가 요구된다. 편익과 비용(이자+유지관리비)을 따지는 경제성을 염두에 두지 않는 공학은 존재하지 않는다. 국가 존립에 반드시 필요한 군사, 복지, 교육, 재난 시설 정책도 경제성은 무시할 수는 있으나 동일 효과의 대

표1. **보의 제원 및 저류량** (하굿둑을 제외하면 8개소, 5억 3,000만m³)

	보의 이름 및 구간	길이 (m)	구간 길이 (km)	높이 (m)	최소 수심 (m)	저수로 폭 (m)	추가 확보 저류량 (억m³)
낙동강	하굿둑-함안보		75.7		6.0	560	1.41
	함안보-합천보	568	42.9	13.2	6.0	460	1.15
	합천보-달성보	323	29.0	9.0	6.0	340	0.54
	달성보-강정보	579	20.4	10.5	6.0	470	0.50
	강정보-칠곡보	954	25.2	11.5	6.0	560	1.02
	칠곡보-구미보	400	27.3	12.0	4.0	500	0.90
	구미보-낙단보	640	18.1	11.0	4.0	500	0.53
	낙단보-상주보	286	14.9	11.5	4.0	360	0.33
	상주보-영강	335	13.0	11.0	4.0	430	0.28
	계		334.0				6.8

 안은 반드시 검토해야 한다. 예를 들면, 장애인 리프트 시설을 선택하는 문제에서 엘리베이터로 할 것인가 에스컬레이터로 할 것인가를 비교하는 것처럼 말이다. 더구나 공학을 기반으로 하는 건설 분야의 국책 사업이라면, 대안 비교와 경제성은 물론 환경성과 사회 수용성도 함께 검토해야 한다. 곧, 타당성 검토를 해야 한다는 것이다. 감사원은 반드시 이 점을 따져야 했다.

 예컨대 낙동강의 경우, 8,454억 원을 들여 11미터 내외의 보 8개를 막음으로써 5억 3,000만m³(표1)의 물을 확보한다고 하는데, 이에 대해서 살펴보자. 우선 보를 세우는 목적이 무엇인지를 알아야 한다.

 특히 보가 재해 예방 사업이 아니라면 예비 타당성 검토를 하지 않은 절차적 하자라는 중요한 법적 문제가 따른다. 정부의 주장처럼, 보가 '홍수도 방지하고, 수질도 개선하고, 용수공급 능력도 증가시킨다'는 이야기는 30년 동안 하천·댐 전문가로 활동한 나도 들어본 적 없는 말이다. 보는 높든 낮든 수위를 높이기 위해 설치하는 것이며, 그 수위를 이용하여 취수하고, 배를 띄우고, 전기를 생산하기도 하는 시설이다.

보의 홍수 방지 효과 측면 보는 수위를 높이기 때문에 오히려 수해를 더 높인다는 것은 상식이다. 이것은 쉽게 입증할 수 있다. 강바닥을 파내지 않은 자연 상태에서든, 강바닥을 파낸 상태에서든, 보가 있는 경우와 없는 경우의 수위를 비교하면 된다. 일반 교량도 교각으로 인한 수위 증가로 수해를 가중시키는데, 하물며 높이 11미터나 되는 콘크리트 덩어리가 하천을 가로막고 있으니 수해를 더 키울 수밖에 없다. 정부는 일부 구간에 가동보가 있어 홍수 방지에 유리하다고 주장한다. 정말 그럴까? 춘천에 있는 의암댐처럼 전 구간을 가동보로 하더라도 수문 거치대(교량의 교각 효과와 같다) 때문에 수위가 상승하는데, 절반이 고정보일 때에는 수위가 더욱 상승한다. 한편, 가동보를 설치하기 위해 강바닥을 깊이 파서 단면을 늘였으니 수위 저하 효과가 있다고 하는데, 설사 수위가 내려간들 그것은 강바닥을 파낸 덕분이지 결코 보를 세워서 얻는 효과는 아니다.

그뿐만이 아니다. 보는 지하수위를 상승시켜 홍수 피해를 증가시킨다. 그 결과 하천변 지역에 있는 건물이 붕괴될 수도 있다. 결국 보는 재해 예방 시설이 아니라 재해 유발 시설이다. 따라서, 취수나 발전을 목적으로 하는 경우처럼, 수위를 높여 더 높은 가치를 얻을 수 있는 경우가 아니면 설치하지 않는 것이 원칙이다. 수해 방지를 위해 보를 설치한다는 소리는 일찍이 들어 본 적이 없다. 오직 4대강 사업만이 보 설치가 재해 예방 사업이라고 주장하면서, 예비 타당성 조사도 거치지 않고 진행하고 있다. 한마디로, 지금 대한민국에서는 절차상 하자가 있는 불법 공사가 강행되고 있는 것이다. 판사들이 절차적 하자가 없다고 인정했으니 적법하다고 주장한다면, 그야말로 '눈 감고 아웅' 하는 격이다.

보의 수질 개선 효과 측면 상류에서 흘러오는 물이 흐름을 막는 보가 없으면 유속이 빠르고, 보가 있으면 유속이 느려진다. 유속이 빠를 때에는 물속에 산소 공급이 잘 되어 자체 정화가 이루어지고, 체류 시간[1]도 짧아 물 순환이 잘 된다. 그러나 보가 있으면 유속이 느려져 산소 공급이 원활하게 이루어지지 않는다. 체류 시간도 길어져 물의 순환도 느려진다. 그런 한편, 자연 하천은 모래층이 여과 장치 역할을 해 오염된 찌꺼기를 걸러 주지만, 보를 세우면 그런 여과 기능이 떨어지거나 사라진다.

따라서 보를 세워 수질을 개선하겠다는 정부 주장은 터무니없는 거짓이다. 용수공급 능력이 일부 증가하여 이를 희석수로 사용하면 수질을 개선할 수 있을는지도 모르나, 이것은 용수공급 능력에 따른 것이지 보의 수질 개선 효과는 아니다. 또 생태 하천, 하수처리장, 영주댐, 보현댐 등을 뭉뚱그려 결국 하천 수질이 좋아진다고 주장하기도 하는데, 이 또한 댐의 효과 또는 하수처리장의 효과이지 결코 보의 효과는 아니다.

보의 용수공급 능력 측면 정부는 물을 저장하는 공간의 확보를 용수공급 능력 증가분으로 착각하게 선전한다. 그러나 저류 공간의 확보와 용수공급 능력의 증가는 서로 별개의 것이다. 총 저류 공간이 29억m^3인 소양강댐은 유효 저수용량이 19억m^3이지만 공급 능력 증가분은 12억m^3이며, 총 저류 공간이 2억 5,000만m^3인 팔당댐은 유효 저수용량이 1,800만m^3밖에 되지 않아 용수공급 능력이 전혀 없다.

확보한 저류 공간은 크지만 용수공급 능력이 그보다 훨씬 적거나 아예 없는

---

[1] 물이 어느 공간에 유입되어 유출될 때까지 머무는 시간으로서, 공간(V: m^3)을 유입되는 유량(Q: m^3/sec)으로 나눈 값이다. 유량은 흐르는 단면적(A: m^2)과 유속(v: m/sec)을 곱한 값이므로, 체류 시간은 곧, V/(A×v)가 된다. 자연하천은 하천 수면 경사가 급해서, 유속(v)이 빠르므로 체류 시간이 짧고, 물이 가득 찬 호수는 수면 경사가 없어 유속(v)이 느리다. 예컨대 1억m^3 공간에 흐르는 물의 단면적이 2,000m^2(폭 300m, 수심 6.7m)이고, 유속 1m/sec일 때는 체류 시간이 0.57일(100,000,000m^3/(2000m^2×1m/초×24시간×60분×60초)이지만, 유속 0.1m/sec일 때는 체류 시간이 그 10배인 5.7일이 된다. 유속이 느리면 체류 시간이 길어져서 오염을 일으킨다.

이유는 첫째는 댐(보)의 위치 때문이고, 둘째는 유효 저수용량 대 유입량의 비율 때문이다. 위치 측면에서 보자면, 내성천에 1억 8,000만m³ 규모의 영주댐을 건설하면 공급 능력은 2억m³이지만, 같은 규모의 댐을 안동댐 상류에 건설하면 공급 능력은 3,500만m³에 불과하다. 왜냐하면 안동댐 상류에 떨어지는 물의 73퍼센트는 안동댐에서 이미 써 왔기 때문에 순 증가분이 적어지는 것이다. 한마디로, 유효 저수용량 대비 유입량의 비가 크면 공급 능력이 크고, 반대일 경우에는 적다. 유입량이 큰 4대강 본류에 댐(보)을 건설하면 유입량이 아주 큰 데에 반해 유효 저수용량은 무시해도 될 만큼 적기 때문에 공급 능력 증가량 또한 미미하다. 그런데 4대강 사업 마스터플랜에는 보의 유효 저수용량이란 용어도, 공급 능력 증가량이란 용어도 찾아볼 수 없다.

4대강 사업에서 유입량과 확보 저수용량과의 관계를 보자면, 보의 용수공급 증가 능력은 전혀 없다고 판단된다. 그러나 독자의 이해를 돕기 위해, 낙동강의 경우 정부 주장대로 추가되는 공급 능력이 5억 3,000만m³라고 가정하고서, 대안으로서의 정당성 및 경제성을 살펴보기로 하자.

먼저 이것이 최선의 대안인지 판단하려면, ①5억 3,000만m³의 용수공급 기능이 가지는 순기능(플러스 효과)의 시설비 8,450억 원, ②홍수를 유발시키는 역기능을 원래 상태로 되돌리는 데 드는 대체 시설비(홍수조절용 댐 등), ③수질 오염을 증가시키는 역기능을 원래 상태로 되돌리는 데 드는 대체 시설비(희석수 확보용 댐 등)를 모두 합한 금액과, ④다른 새로운 위치에 5억 3,000만m³의 용수공급 능력을 지닌 댐을 지을 경우의 사업비를 서로 비교해 보아야 한다. 곧, ①+②+③을 ④와 비교해서 전자가 월등히 저렴해야 대안으로 선정하는 것이 정당해진다. 비교하나마나 ④가 유리함은 자명하다.

한편, 설사 대안의 정당성 검토에서 긍정적인 결과가 나오더라도 경제성이 없으면 그 사업의 시행 여부는 신중하게 결정해야 한다. 곧, ①+②+③에 대한 이자 및 시설을 유지 관리 하는 데 드는 비용보다, 5억 3,000만m³의 용수 공급으로 얻게 되는 경제적 가치가 더 클 때 비로소 경제성이 있다 할 것이다. 여기에 더하여 여론조사 등 사회 수용성도 함께 검토해야 함은 물론이다. 다른 구조물도 이와 같은 방법으로 타당성과 경제성을 검토해야 마땅하다. 그런데, 이번 감사원의 감사 결과를 보면 이러한 검토가 전혀 이루어지지 않았다. 이는 노무현 정권 때 있었던 '한탄강댐 추진 실태'에 관한 감사와 크게 비교된다.

2000년 12월에 수립한 한탄강 다목적댐 계획은 규모가 3억 1,100만m³인데 홍수조절 기능이 97.5퍼센트, 용수공급 기능이 2.5퍼센트라고 했다. 감사원은, 2005년 5월 23일, 한탄강 다목적댐에 대해서 "①기본 계획 고시도 하지 않았고, 환경영향평가도 마치지 않은 상태에서 갑자기 일반경쟁입찰에서 턴키발주로 입찰 방침을 바꿔 94퍼센트의 낙찰률로 재벌 시공 회사를 선정하는 등 법 절차를 어겼으며, ②한탄강댐 유역의 홍수량은 특별히 크게 하고, 다른 유역의 홍수량은 특별히 작게 하여 댐의 홍수조절 효과를 부풀렸으며, ③9,750억 원이 소요되는 댐 건설비에 반해 대안으로서 제방 둑을 높이는 비용은 3,904억 원에 불과한 사업비를 다섯 차례(2000년 12월 536킬로미터에 2조 8,000억 원, 2002년 3월 473킬로미터에 1조 8,000억 원, 2002년 12월 367킬로미터에 1조 4,000억 원, 2003년 4월 367킬로미터에 1조 3,000억 원, 2004년 8월 272킬로미터에 1조 5,000억 원)에 걸쳐 바꾸면서 결국 3배 이상 부풀렸으며, ④비용 대비 편익 비율(B/C)이 0.53~0.69로 경제성이 없는 사업을 1.04의 아주 좋은 사업으로 부풀렸으므로, 원점에서 재검토해야 한다"는 취지의 감사 결과를 발표했다.

그러나 당시 노무현 정부도 감사 결과를 발표하기 전에 미리 정보를 빼내어, 청와대 및 총리실에서 정부 불신이 우려된다고 관련 부처 담당자 축소 징계(당초 지속가능발전위원회, 국토부 담당자, 수자원공사 담당자를 징계 요구할 예정이었으나, 수자원공사 담당자만 징계하였다) 및 연착륙 방안까지 마련하여 지시했다.[1] 그리고 여러 번 수정을 거듭하고 또 이어서 2005년 8월에는 총리령으로 임진강 특위까지 만들어 1년 이상 더 검토했다. 그 결과 '감사원이 제시한 경제성 검토(B/C) 방법은 한탄강댐 같은 사업에는 검토할 필요조차 없으며, 대안 비교만 하면 충분하다면서 방식을 바꾸어, 2.5퍼센트 용수공급 기능은 완전히 빼고, 홍수조절 기능 97.5퍼센트의 '한탄강 다목적댐'을 100퍼센트 홍수조절용인 '한탄강 홍수조절용 댐'(2억 7,000만㎥)으로 이름까지 바꾸었다. 게다가 제방 사업비보다 훨씬 저렴하다는 이유까지 덧붙여 댐을 선정하여 2006년 12월 최종안으로 결정하여 건설하겠다고 고시하고, 2007년 2월에 착공식을 거쳐 공사를 강행했다.

한탄강댐을 반대하는 측(원고)은 감사원에서 지적한 사실에 근거하여 '추진 절차에서 공무원의 계획 재량권 남용과 대안 조작 및 사업비 부풀림이 있었는지에 대한 판단'을 재판부에 요구했다. 그러나 판사들은 '위의 절차적 잘못은 용수공급 기능이 2.5퍼센트가 있는 한탄강 다목적댐일 때 벌어진 일이고, 이 소송건은 용수공급 기능이 0퍼센트인 홍수조절 전용 댐으로서 전혀 다른 댐이기 때문에 재판부에서는 알 바가 아니다'라고 판결을 내렸다. 댐 반대 측은 "홍길동이 홍칠동으로 이름을 바꾸고, 성형수술을 2.5퍼센트 했다고 해서 전혀 다른 사람으로 취급하여 살인자를 무죄로 판결해서는 안 된다"고 수차례 항변했

---

1) "漢灘강, 恨歎의 강 되다." 이진복 국회의원(2009. 10. 5 총리실 감사 자료).

지만, 결국 묵살됐다. 더구나 댐을 쌓으려면 적어도 "상류에서 수몰되는 면적은 얼마인데, 댐을 막으면 하류에서 줄어드는 침수 면적은 얼마이기 때문에 효과가 어떻게 좋다"는 식의 비교나, 설사 수몰지(포천, 철원)의 땅값에 견주어 파주의 땅값이 월등히 높다면 등가 원칙에 따라 "상류 수몰지의 총 보상비는 얼마인데, 하류에서 보호받는 지역의 땅 가치는 얼마이기 때문에 월등히 효과적이다"라는 식의 단순 경제 비교 자료라도 검토하여 댐의 필요성을 판단해야 한다고 항변했다. 그러나 대한민국 사법부는 1심, 2심, 3심 모두 "다소 부적절했지만, 불가능하지는 않다," "부적절한 면은 있으나 뒤엎을 만한 사항은 아니다," "부적절한 면은 있으나 그렇다고 필요 없다고 할 수는 없다"는 따위의 애매한 표현으로 정부 측 손을 들어 주었다.

이참에 꼭 짚고 싶은 것이 있다. 지극히 상식적인 참(眞)도 삐뚤어진 전문가 집단이 형성하는 지식 카르텔에 의해 부정될 수 있다는 사실이다. 갈릴레오의 지동설 옹호가 유죄판결을 받았듯이 말이다.

제방 보강(개수, 증고) 공사에서, 하천 폭이 500미터나 되는 큰 하천의 경우는 폭 10미터 안팎의 작은 하천에 비해 설계 기준도 엄격하고, 둑도 높이 쌓아야 하고, 흙도 많이 들고, 부속 시설물도 커서 사업비가 훨씬 많이 드는 것이 상식이다. 다시 말해, 소하천보다 국가하천에 제방을 쌓는 것이 훨씬 비용이 크다는 말이다. 이른바 '4대강 살리기 마스터플랜'에 의하면, 4대강 사업에서 대하천의 제방을 보강하는 데 드는 비용은 2009년 기준[1]으로 킬로미터 당 27억 원(620킬로미터에 1조 6,500억 원)을 제시했다. 그렇다면 중소 규모의 하천에서는 그보다 비용이 훨씬 적어야 옳다. 그런데 치수 대안으로 '댐을 건설할 것인가, 제방을 증고할 것인가?' 하는 선택의 기로에 섰던 한탄강댐 취소소송에서 제시된 제방 사업비 단가는 완전히 거꾸로였다. 댐 사업비는 8,900억 원에 불과한데, 제방 증고 사업비는 158킬로미터(국가하천 24킬로미터, 지방2급하천 61킬로미터, 소하천 73킬로미터)에 걸쳐 1조 1,400억 원(교량 사업비 2,520억 원 포함)이나 든다는 것이었다. 그에 따라 댐을 건설함이 타당하다는 것이었다. 그런데 여기에서 정부 측이 제시한, 교량을 제외한 순수 제방 공사비의 2006년 단가는 국가하천의 경우 킬로미터 당 94억 원, 지방하천은 킬로미터 당 68억 원, 소하천은 킬로미터 당 27억 원이었다. 그보다 3년 뒤에 제시한 제방 공사비 기준보다 서너 배나 되는, 믿을 수 없는 비용을 제시하고는 경제적 타당성이 떨어진다고 한 것이다.

나는 그 소송에서 국토해양부 산하 5개 지방 국토관리청에서 2005년부터 2008년까지 직접 실시한 56개 사업장을 전수 조사한 바, 국가하천 및 지방하천의 제방 공사 설계 예산 단가(입찰 전 단가)가 킬로미터 당 평균 25억 6,000만 원에 불과하니 "정부 측이 제시한 수치는 옳지 않다"는 주장을 재판부에 전했다. 그러나 1심 판결에서는 "정부 측의 경제성은 모두 구체적인 현황 분석을 토대로 한 전문적·기술적인 내용으로, 비록 이 법원이 그 적정성 여부를 직접 판단하기는 곤란한 면이 있으나 적정한 것으로 보인다"고 판결했으며, 2심에서는 조목조목 공정별 제방 사업비를 나열하면서 정부 측이 더 확실하고 타당하다고 판결했다.

그로부터 몇 해가 지난 지금, 만일 4대강 사업에서 제방 공사를 맡은 회사가 킬로미터 당 94억 원이 아니라 킬로미터 당 27억 원으로 공사를 수행했다면, 도대체 이 일을 어떻게 받아들여야 할까. 전혀 엉뚱한 수치를 산정한 국토해양

---

1) 동일 시설을 하는데 소요되는 단가(비용)는 인건비, 유류대, 재료비 등이 늘 변하기 때문에 해마다 다르다. 통상적으로 연도가 최근일수록 단가는 커진다. 예컨대 제방을 1m 쌓는 데 2009년의 단가가 27억 원이라면 2006년은 25억 원 정도면 충분하다는 뜻이다. 따라서 돈을 비교할 때는 늘 동일년도의 기준으로 환산해서 비교를 하거나 이를 감안하여 판단해야 한다.

부 사람들이나, 이를 최종 수치로 인정하고 보고서를 작성한 전문가 및 대학 교수들, 이 수치가 옳다고 법정에서 강력하게 주장한 국토해양부와 수자원공사 관련자들, 말장난 같은 애매하고 무책임한 표현으로 정부 측이 옳다는 판결을 내린 판사들 모두 역사의 심판대에 다시 올려야 하리라.

이러한 어이없는 처사가 4대강 사업에서도 그대로 재현되고 있다. 정권에 부역하는 사법부의 태도는 정도가 더 심해지면 심해졌지 별로 달라진 것이 없다. 노무현 정권 시절에는 그나마 정직하게 감사하던 감사원마저도 이명박 정권에서는 철저히 정권의 시녀로 전락했다는 느낌을 저버릴 수가 없다. 세종대왕은 사관史官을 가장 두려워했으며, 피해 다니기까지 했다. 후일에 있을 역사의 심판을 두려워할 줄 알았기 때문이다. 그러나 우리 현대사를 보면 사회 지도층이나 지식인들은 역사의 심판을 두려워하기는커녕 오히려 '자연의 이치를 거스르는 역사'를 거리낌없이 답습하고 있다.

우리가 사용 가능한 물의 총량과 필요 총량

우리나라는 물 63퍼센트 흘려버리고 37퍼센트만 사용

우리나라 연평균 수자원 총량은 1,240억m³이다. 여기서 증발산량[1] 517억m³를 빼면 실제로 우리가 쓸 수 있는 수자원량은 723억m³이다. 정부가 2006년 7월에 수립한 '수자원장기종합계획(2011년 7월 새로이 발간될 예정)'[2]에 따르면, 2020년 우리나라에서 필요한 수자원은 356억m³다. 항목별로 보면 생활용수가 82억m³, 공업용수가 34억m³, 농업용수는 156억m³, 유지용수는 84억m³이다. 이 가운데 유지용수 84억m³는 별도로 사용하는 것이 아니라 하천으로 그냥 흘려보내는 양이기 때문에 실제로 필요한 물은 272억m³이다.

결국 우리는 연평균 사용 가능한 수자원 총량 723억m³ 가운데에서 272억m³만을 사용하게 된다. 사용 가능한 물의 63퍼센트를 하천을 통해 흘려버리고, 37퍼센트만 사용하는 것이다. 단적으로 우리나라는 물이 필요 총량보다 사용 가능량이 월등히 많은 나라이다.

---

[1] 물 표면과 땅 표면을 통해서 사라지는 수분 증발량과 잎사귀를 통해서 없어지는 증산량을 통틀어 말한다.
[2] 하천법에 의해 10년 단위로 수립하게 되어 있고, 5년마다 타당성 여부를 검토하여 바꾸도록 규정되어 있다. 따라서 2011년 7월에 수자원장기종합계획서가 새로이 발간될 예정이다.

홍수량 산정은 한 가지 변수에도 700퍼센트까지 편차 발생

물의 양을 표현할 때는 매초, 매시간, 매일, 매년 강우량이 각각 다르므로 항상 단위 기간(년, 월, 일, 시간, 초)을 정하여 표현해야 한다. 하늘에서 떨어지는 모든 물의 양을 합해서 '물의 총량' 또는 '수자원 총량'이라 하고, 이 가운데 손실량[1]을 빼고 순수하게 하천으로 모이는 물의 양을 '하천 유출량' 또는 한곳으로 모여 사용하기 쉬우므로 '사용 가능량'이라 하며, 홍수기에 짧은 시간에 집중적으로 흐르는 물을 '홍수량'이라 한다.

물을 이용하는 측면, 곧, 자연 하천에서의 사용 가능량 또는 댐을 막음으로써 생기는 사용 가능량을 예측하려면 하천 유출량을 알아야 한다. 물의 공격을 방어하는 측면, 곧, 홍수 시 피해를 일으키지 않고 하천으로 잘 흘러가도록 제방이나 우수 관로, 도로 측구를 계획할 때는 초당 가장 많이 흐르는 물의 양, 곧, '초당 홍수량'을 알아야 한다.

$1km^2$(1,000,000m^2)의 유역 면적에 비가 100mm(0.1m)가 내렸다고 가정하면 하늘에서 떨어진 강우량은 100,000m^3(1,000,000m^2×0.1m)이며, 이를 '물의 총량'이라 한다. 물의 총량은 모두 하천에 들어오는 것이 아니라 증발 등의 손실분이 있으므로 홍수기 단시간에 비가 내릴 때는 강우량의 85퍼센트 정도가 하천에 모인다. 그러나 평시나 갈수기에 장시간을 두고 비가 내릴 때는 25퍼센트 정도밖에 모이지 않는다. 곧, 홍수기에는 하천 유출량이 85,000m^3가 되지만, 갈수기에는 25,000m^3 정도밖에 안 된다. 이처럼 같은 땅에 내린 똑같은 강우량일지라도 단시간에 내리는 경우와 장기간에 걸쳐 내리는 경우를 비교하면

---

1) 일부는 증발되고, 일부는 연못에 고여 차단되고, 일부는 나뭇잎에 차단되어 땅에 다다르기 전에 증발되고, 일부는 나무뿌리에 흡수되어 잎의 기공으로 증산되고, 일부는 지하에 침투되어 다른 유역으로 빠져버린다.

표2. 유량도

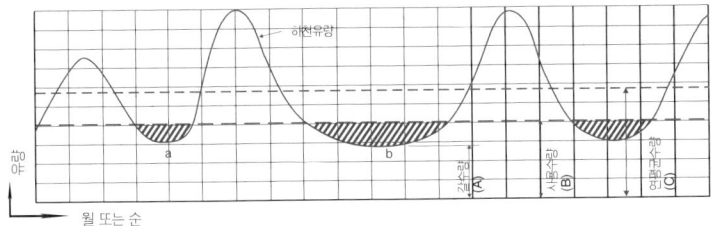

하천에 모이는 수량은 크게 다르다. 그래서 물의 양을 알고자 할 때는 늘 홍수기와 갈수기를 나누어 생각해야 한다.

그러면, 용수공급용 댐은 언제 필요한지 알아보자.

표2는 '유량도'로서, 댐이 없는 자연 하천에서 시간에 따른 물의 변동량을 보여 준다. 포물선이 종 모양을 그리고 있는 것은 유량이 많은 우기(6월 중순에서 9월말)를 나타내며, 뒤집힌 종 모양은 갈수기(10월 초에서 다음 해 6월 중순)를 나타낸다. 따라서 꼭짓점과 꼭짓점 사이를 1년으로 볼 수 있다. 이 유량도는 10년 동안의 물의 변동량을 기록한 그림에서 뒤집힌 10개의 종 모양 가운데 가장 낮게 그려진 때(b), 그러니까 갈수기의 유량이 가장 적었던 때를 중심으로 3년치만 발췌한 것이다.

그림에서 C는 연평균 하천 유출량이며, B는 필요(사용) 수량, A는 기준 갈수량을 가리킨다. 10년 동안 하천에 모이는 수량의 평균치가 C다. 10년 중 비가 가장 적게 내려 하천유량이 가장 적은 기간(b)을 '10년 빈도 가뭄 기간'이라고 하고, A의 양을 기준 갈수량 또는 10년 빈도 갈수량이라 부른다. 기준 갈수량(A)은 물 이용 측면에서 기준이 되는 수치로서 중요한 의미를 갖는다. 국가가 댐이 없는 자연 하천에서 물 사용을 허가할 때 반드시 넘지 않게 하는 기준선이 바로 기준 갈수량(A)이다.

　큰 강을 끼고 있는 중소도시는 대부분 기준 갈수량(A)이 많기 때문에 댐이 없어도 기준 갈수량(A) 범위 내에서 물을 사용하는 데 별 문제가 없다. 다시 말해, 자연 상태에서 10년 빈도 가뭄이 들어도 기준 갈수량(A) 범위 내에서 별 어려움 없이 물을 얻을 수 있다. 그러나 인구가 많아지거나 공단을 유치하여 대도시가 되면 사용수량을 B만큼 늘릴 필요가 생긴다. 이 경우 빗금이 쳐진 기간에는 물이 모자랄 것이다. 이럴 때에는 댐을 만들어 물을 저류해 두었다가 써야 한다. 곧, 우기에 넘치는 물을 빗금 친 B만큼의 저류 공간을 가진 댐에 저축해 두면 다음 해 갈수기에 B만큼을 공급할 수 있다.

　결국, 댐은 기준 갈수량보다 더 많은 물이 필요할 경우를 대비해 우기에 물을 저장했다가 갈수기에 꺼내 쓸 수 있도록 만든 공간 시설이다. 그런데 아무리 댐을 높게 쌓더라도 연평균 유출량 이상의 물은 공급할 수 없다. 다시 말해, 댐에서 증발산이나 누수가 전혀 없더라도 C 이상은 공급할 수 없다. 따라서, 댐의 최대 공급량은, 댐 규모에 따라 다르기도 하지만, 통상적으로 연평균 하천 유출량의 90퍼센트 이하다.

　이처럼 댐의 용수공급 능력은 우기 전(6월 중순)에 댐을 비웠다가 우기 3개월 동안에 내리는 물을 채워서 갈수기 9개월 동안 서서히 꺼내 쓸 수 있는 능력을 말하며, 이러한 기능이 있을 때만 '용수공급 증가 효과가 있다'고 할 수 있다. 여기에서 우기 전에 비웠다가 우기에 채울 수 있도록 허용된 용량(공간)을 '유효 저수용량(빗금 친 부분의 용량)'이라 하며, 저수량을 좌우하는 하천유량의 연간 총합을 연간 유입량이라 하는데, '유효 저수용량/연간 유입량'의 비율이 높으면 공급 가능량도 커진다.

　물의 양 산정을 좀 더 정확히 알기 위해서 유역 면적(km^2), 유로 연장(km),

유출 계수, 유속(m/sec), 도달 시간(hr), 강우 강도(mm/hr) 같은 용어를 먼저 이해할 필요가 있다. 지상에 내린 물이 하천이나 강으로 모여드는 경계를 '유역流域'이라 하고, 이 경계 내측의 면적을 '유역 면적'이라 한다. '유로 연장'은 하천 최상부에서 하천 최하부(하구)까지의 거리, '유속'은 하천에 흐르는 물의 속도를 말하, 최상부에 떨어진 물이 유속에 의해 최하부까지 내려오는 데 걸리는 시간을 '도달 시간'이라 한다. '강우 강도'는 시간당 내리는 비의 양을 말하고, 총 강우량 중 하천에 모여드는 강우량의 비율을 '유출 계수'라 한다. 유출 계수는 같은 강우량이라도 짧은 시간에 많은 비가 올수록 커지고, 긴 시간에 걸쳐 오면 작아진다(유출 계수는 지역의 토질, 지질, 기후, 토지의 요철에 따라 달라서 정밀 계산을 요한다). 하루 강우량이 350mm라면 유출 계수는 0.85 정도인 데에 반해, 3개월에 걸쳐 350mm가 내리면 유출 계수는 0.25에 지나지 않는다. 연 강우량이 1,200mm이면 연간 유출 계수는 0.55 정도이다.

물 부족은 급작스럽게 나타나지 않기 때문에, 갈수량, 순별旬別 하천유량, 월평균 하천 유출량 또는 연평균 유출량 등 비교적 긴 시간의 유량을 알면 충분히 판단할 수가 있다. 하지만 홍수 피해를 입히는 홍수량은 초당 하천 유출량에 의해 판단해야 하므로 좀 복잡하다.

유역 면적 51km², 유로 연장 11킬로미터인 청계천을 예로 들어 홍수량에 대해서 상세히 살펴보자. 이 유역에서의 연간 총 강수량이 1,200mm라면 연간 물의 총량은 6,100만m³[1]이며, 하천 유출량은 3,400만m³[2]가 된다. 이 양이 연간 균일하게 내린다면 하루 9만 3,000m³(34,000,000m³ ÷ 365일)이며, 초당으로 환산하면 1.07m³가 된다. 하지만, 우리나라는 1년 강수량의 80퍼센트가

---

1) 면적 51,000,000m² × 강우량 1.2m = 61,200,000m³
2) 총 강수량 61.2 × 유출계수 0.55 = 0.34

단 하루에 내리는 경우가 있을 만큼 비가 한때에 편중되어서 홍수와 가뭄이 생긴다.

하루(0시부터 24시까지) 동안 내린 연중 최대강우량이 350mm라면 이를 '고정 24시간 최대강우량'이라 하고 '350mm/일'로 표현하며, 임의 시간에서부터 시작하여 매시간 단위로 24시간 강우량을 연속해서 합한 강우량 중 가장 큰 강우량이 400mm라면 이를 '임의 24시간 최대강우량'이라 하고 '400mm/24시간'으로 표현한다. 홍수량에 미치는 영향은 고정 24시간 강우량보다는 임의 24시간 강우량이 더 크고 중요하며, 전문가들은 이 수치에 관심을 갖는다. 임의 24시간 동안 내린 총 강우량은 2,040만m³[1]가 되며, 하천으로 흘러들어온 양은 유출 계수 0.85를 곱하면 1,734만m³가 된다. 그런데 24시간 동안 내린 비가 24시간 동안 모두 하천으로 들어온다면 201m³/sec(1,734만m/24/60/60)이지만, 실제로는 일부는 지하수로 직접 침투하거나 저수지(연못)에 잠시 머물렀다가 지하수로 침투하기도 하면서 상당 기간에 걸쳐 천천히 하천으로 들어오기 때문에 이 수치는 의미가 없다.

한 시간 최대강우량이 80mm이면 이를 '강우 강도'라고 하며 80mm/hr로 표현한다. 하천 유속을 3m/sec로 가정하면 청계천의 도달 시간은 약 한 시간[2]이다. 한 시간 동안 내린 강우량 80mm가 한 시간 동안 모두 균등하게 하천으로 모여든다면 408만m³/hr[3]이며, 초당으로 표현하면 1,133m³/sec[1]이고, 유출 계수 0.85를 적용하면 963m³/sec가 된다.

그러나 실제로는 한 시간 강우량이 한 시간 동안 하천에 모두 모이는 일은 논밭이 있고, 습지가 있고, 요철이 있는 자연 상태에서는 발생하지 않는다. 또 강우량은 분당, 시간당, 두 시간당 강우량이 각각 다르므로 이들을 반영하면 매시간 홍수량은 조금씩 달라진다. 그러나 초로 환산해야 하기 때문에 유역 면적이 작을수록, 오랜 시간 동안 강우 강도가 동일할수록 이와 같은 방법으로 홍수량을 구해도 상관없다. 하지만, 유역 면적이 크고, 지류들이 복잡하게 연결되어 흐르는 하천이라면 간단치가 않다. 도달 시간을 넘어서도록 연속해서 똑같은 강우 강도의 비가 온다면 이와 같이 구해도 무방하다. 예를 들면 3∼4시간 동안 똑같은 강도로, 곧, 1시간 동안 80mm, 2시간 동안 160mm, 3시간 동안 240mm, 4시간 동안 320mm의 비가 온다면, 2∼3시간 이후의 홍수량은 963m³/sec로 동일해진다. 이를 '합리식' 이라 한다.

그런데 현실에서는 이와 같이 4시간 연속해서 동일한 강우 강도가 나타나는 경우가 없다. 따라서 홍수량은 이보다 훨씬 작아진다. 실제로 청계천은 정밀 계산한 결과 200년 빈도 계획 홍수량이 809m³/sec(수자원학회지, 2002. 1.)로 산정되었으며, 이 수치를 기준으로 설계되었다.

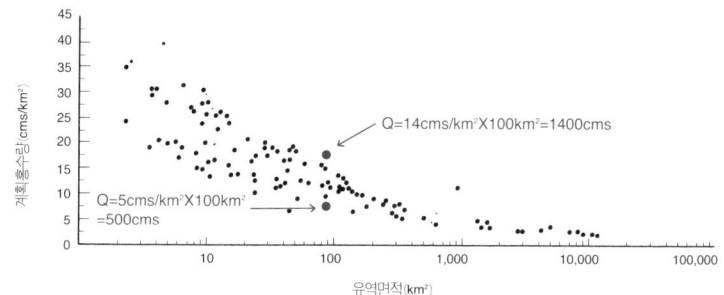

표3. 한강 유역의 100년 빈도 홍수량

자료: 건설기술연구원 김남원 제공

---

1) 면적 51,000,000m² × 강우량 0.4m = 20,400,000m³
2) 유로 연장 11,000m ÷ 3m/sec ÷ 60분/초 ÷ 60시간/분 = 1.02시간
3) 유로 면적 51,000,000m² × 0.080m = 408만m³
4) 408만m³ ÷ 60분/시간 ÷ 60분/초 = 1,133m³/sec

실제의 홍수량 산정은 위와 같이 간단치가 않다. 시간마다 강우량이 달라지고, 하천 구간마다 유속이 다르고 유출 계수가 다르며, 유역에 내린 강수량이 하천에 모이는 집중도(저류 계수)가 다르기 때문이다. 따라서 정밀 분석을 하더라도 표3과 같이 한강 유역 내 어느 하천의 100년 빈도 홍수량이 유역 면적 100km²로 동일할 때 어떤 지역은 500m³/sec도 될 수 있고, 어떤 지역은 100m³/sec도 될 수 있을 정도로 편차가 심하다. 이 편차는 홍수량 산정 방법에 따른 편차라기보다는 자연현상의 여러 변수(확률강우량, 도달 시간, 유출 지수, 하천 도달 집중도, 유역의 저류 능력)들에 의한 편차가 더 크다.

우선 강우량에 따른 편차를 살펴보자. 확률강우량을 분석하는 방법은 약 40가지[1]가 있다. 표4는 우리나라에서 가장 많은 측정 자료를 보유하고 있는 서울 지점의, 1914년부터 1999년에 걸친 71년 동안의 자료를 수집[2]하여 13가지 방법으로 분석한 결과 값을 보여 주고 있다. 여기에서 보면 100년 빈도 1시간 최대강우량의 편차는 62퍼센트(156mm와 96mm), 하루 최대강우량 차이는 64퍼센트(321.7mm와 527.4mm)로 큰 차이가 난다. 만일 40가지 분석 방법 결과치를 동시에 비교한다면 더 큰 차이를 드러낼 것이다.

그리고 어느 방법의 값을 채택하느냐에 따라 계획홍수량 값은 또 달라진다. 우리나라는 대부분 GUM(Gumbel)을 채택하고 있으나, 다른 방법을 택하면 더 커질 수도 있다. 일반적으로 자료가 많으면 많을수록 그 편차가 작고, 자료가 적을수록 편차가 커진다. 우리나라 다른 지역은 대부분이 1960년대 이후부터 측정해 왔기 때문에서울 지점보다도 편차가 더욱 커질 수가 있다.

---

1) 전문가들이 사용하는 분석법은 수치해석법과 도해법이 있으며, 수치해석법에도 매개변수(평균, 표준편차 등) 추정에 따라 모멘트법, 최우도법, 확률가중모멘트법이 있고, 또 각 추정법 별로 10~20 가지 방법이 있다. 따라서 약 40개의 추정 방법이 있다.
2) 1920~1924, 1935~1940, 1946, 1951~1953 자료는 빠졌다.

표4. 서울 지점 확률 분포에 따른 확률강우량 값 (1914~1999년 자료)

분석시간	재현기간	NOR	GAM2	GAM3	GEV	GUM	LGU2	LN2	LN3	LP3	WBU2	GLO	WBK4	WBK5
1시간	10년	74.3	76.2	76.3	76.0	76.0	73.3	79.2	75.9	79.5	75.5	74.2	77.4	73.6
	20년	81.9	87.4	87.7	88.0	88.3	92.4	93.4	87.6	97.7	84.3	86.9	89.0	85.9
	30년	85.9	93.7	94.0	94.9	95.3	105.6	101.9	94.2	109.1	88.8	94.7	95.1	93.7
	50년	90.5	101.3	101.7	103.4	104.2	124.7	112.6	102.4	124.4	94.1	105.2	102.2	104.3
	100년	96.2	111.2	111.8	114.7	116.1	156.1	127.5	113.4	147.2	100.7	120.6	110.6	119.9
1일	30년	286.7	313.8	332.1	334.2	318.7	353.7	320.9	333.4	339.3	297.7	331.1	335.1	335.4
	50년	302.3	339.7	365.7	375.5	348.6	419.3	354.8	371.7	381.9	316.0	378.1	367.6	370.0
	70년	312.0	356.4	387.5	404.1	368.2	468.8	377.4	397.7	410.7	327.3	412.2	388.2	392.4
	80년	315.7	362.9	396.2	415.8	376.0	489.9	386.5	408.1	422.4	331.6	426.6	396.2	401.1
	100년	**321.7**	**373.7**	**410.5**	**435.7**	**389.0**	**527.4**	**401.8**	**425.8**	**442.4**	**338.7**	**451.6**	**409.3**	**415.7**
	150년	332.2	393.0	436.5	473.2	412.5	602.9	429.9	458.5	479.9	351.1	500.7	432.6	441.7
	200년	339.4	4.6.6	454.8	501.0	429.1	662.9	450.2	482.4	507.6	359.6	538.6	448.6	459.9

한편, 국토해양부에서 우리나라 주요 관측소의 확률강우량을 분석하여 발표 (표5)했는데, 여기에서 이상한 점들을 발견할 수 있다. 예를 들어, 10년 빈도 1시간 최대강우량이 강화(85.7mm)와 속초(43.1mm)는 무려 99퍼센트의 편차를 보이고 있고, 서로 가까운 서해안 지역인 강화(85.7mm)와 인천(66mm)도 무려 30퍼센트나 차이가 난다. 섬 지역인 강화가 해안 도시인 인천보다 강우량이 훨씬 큰 반면, 인천은 내륙 지방인 서울보다 훨씬 더 작은 것도 위치에 따른 수치의 경향이 앞뒤가 맞지 않는다. 100년 빈도 하루 최대강우량의 경우 강화(546mm)와 대구(255mm)가 무려 114퍼센트나 차이가 나며, 동일 권역에 있는 강화(546mm)와 인천(356mm)도 53퍼센트나 차이가 난다.

우리나라같이 좁은 땅에서는 측정 자료의 보유 기간에 의해 이러한 차이가 나는 것이지, 기상학적으로 이렇게 큰 차이가 날 이유가 없다고 생각한다. 다시 말해, 만일 우리나라 전역에 걸쳐 1,000년 동안 또는 10,000년 동안 동일하게 강우량 기록이 축적되어 있다면, 하루 최대 확률강우량 및 시간 최대 확률강우량의 차이는 거의 없어지리라고 본다. 그렇기 때문에 계산치만을 절대적으로 믿어서는 안 된다. 현실은 이론과 많이 다르기 때문이다. 이러한 분석치를 절대적이라고 믿는다면, 시간 최대 확률강우량이 서울은 75mm/hr, 강화는 85mm/hr, 수원은 62mm/hr, 속초는 43mm/hr이니 그에 대비하여 하수관로를 교체하고 댐 규모며 하천 제방도 바꾸어야 하는 불상사가 발생할 수도 있다.

표5. 주요 지점별 확률강우량 (단위 mm)

지점	1시간(10년 빈도)	1시간(20년 빈도)	1일(50년 빈도)	1일(100년 빈도)
서울	74.8	87.0	337.5	376.4
인천	66.0	76.0	318.8	256.0
수원	62.9	70.9	376.9	419.5
강화	85.7	100.4	486.3	545.9
속초	43.1	49.0	351.2	389.1
대구	60.9	65.4	229.8	255.0

자료: "한국확률강우량도", 건설교통부, 2000

한편, 홍수량은 강우량에 곱해져서 그 크기가 결정되므로, 강우량의 편차는 홍수량의 편차와 같은 비율로 산정된다. 유속, 도달 시간 같은 다른 변수도 마찬가지다.

임진강 홍수량을 예로 들어 살펴보자. 정부는 1992년에 100년 빈도 계획 홍수량으로 16,200m³/sec를 확정 고시하고는, 이 수치를 근거로 2002년까지 모든 제방을 높게 쌓아 왔다. 그런데 1996년에 24,000m³/sec의 홍수가, 1999년에 20,400m³/sec의 홍수가 발생하자, 이를 고려하여 재분석한 결과, 100년 빈도 계획 홍수량을 16,200m³/sec가 아니라 19,800m³/sec로 늘어난 수치를 선택했다. 그리하여 늘어난 3,600m³/sec(22% 증가)를 방어하기 위해, '제방을 증고할 것인가? 댐을 쌓을 것인가?' 하는 선택의 기로에서, 정부는 댐 두 개 (군남댐 1,000m³/sec 절감, 한탄강댐 2,400m³/sec 절감, 저류지 200m³/sec 절감)를 쌓는 것이 적정하다고 주장하고, 댐 반대 측은 제방 증고(0.3~1.2m 증고)가 적정하다고 주장했다.

그런데 홍수량은 계산에 의해 결정되는 수치가 아니라, 여러 가지 방식으로 계산된 수치 가운데 전문가들이 적정하다고 판단되는 수치를 임의로 선택하는 것이다. 여기에서 여러 가지 방식에 의해 산정되는 변수 중 정부 측은 강우량은 492mm, 도달 시간은 3.23m/sec, 유출 지수는 79, 저류 계수는 1.04를 채택하여 19,800m³/sec로 채택하였는데, 이 수치는 방법에 따라 심지어 700퍼센트까지 차이가 날 수도 있다.

표6에서 보는 바와 같이, 실무적으로 허용하는 범위 내에서 분석 방법에 따라 강우량의 변동성(360~568mm)에 따른 홍수량은 69퍼센트의 차이를 보이고, 도달 유속(2.5~4m/sec)에 따른 홍수량은 34퍼센트의 차이를, 유출 지수의 변동성(74~84)에 따라서는 14퍼센트의 차이를, 저류 계수의 변동성(0.8~12)에 따라서는 무려 704퍼센트 차이를 보인다. 다른 변수는 모두 옳다 치고, 다만 저류 계수 1.04를 1.49로 바꿔 선택하면 군남댐과 한탄강댐 두 댐은 필요 없어지며, 만일 1.25로 바꾸어 선택하면 홍수량이 17,770m³/sec로 산정되어 1조 1,000억 원(현재 공사 중이므로 최종 사업비는 확인할 수 없음)이나 드는 한탄강댐을 지을 이유가 없어진다.

표6. 변수의 변화에 따른 홍수량의 편차강우량

강우량 (mm/2일)	도달 유속 (mm/sec)	유출 지수 (CN)	저류 계수 (a=k/Tc)	첨두 홍수량 (m³/sec)	최대-최소 편차
568	3.23	79	1.04	23,039	
492	3.23	79	1.04	**19,800**	69%
360	3.23	79	1.04	13,609	
492	4.0	79	1.04	22,489	
492	**3.23**	79	1.04	**19,800**	34%
492	2.5	79	1.04	16,767	
492	3.23	84	1.04	20,895	
492	3.23	**79**	1.04	**19,800**	14%
492	3.23	74	1.04	18,392	
492	3.23	79	0.80	22,610	
492	3.23	79	1.04	19,800	
492	3.23	79	1.25	17,760	
492	3.23	79	1.49	16,200	**704%**
492	3.23	79	2.80	10,692	
492	3.23	79	6.00	5,856	
492	3.23	79	12.00	3,210	

이처럼 자연현상은 정확하게 예측할 수 없기 때문에 전문가 재량에 따라 산정되는 수치는 무려 700퍼센트까지 차이가 날 수 있다. 이러한 불명확한 자료를 기초로 댐 두 개가 건설되었고, 또 다른 댐 수십 개가 건설되고 있다. 4대강 사업도 마찬가지다. 낙동강의 경우, 1993년 계획 홍수량 16,110m³/sec에서 2009년에 16,600m³/sec로 3퍼센트가 더 늘어났다고 저렇게나 야단법석이다. 홍수량을 산정할 때 한 가지 변수에도 14퍼센트에서부터 704퍼센트까지 편차가 생기는데, 고작 홍수량 3퍼센트가 증가했다고 해서 4대강 '개조' 사업을 마치 '치수' 사업인 양 하며 총예산 22조 2,000억 원 가운데 89퍼센트인 19

조 7,000억 원이나 되는 예산에 대해서 재해 예방 사업이라는 명목으로 예비 타당성 조사조차 생략해 버렸다.

우리나라 수자원 총량은 얼마나 되나?

물은 지구에서 가장 풍부한 자원이다. 지구 표면의 약 70퍼센트가 물로 구성되어 있다. 이 가운데 97.5퍼센트인 약 135경 1,000조m^3가 바닷물이고 나머지 2.5퍼센트만이 민물이다. 이 민물 가운데 우리가 쓸 수 있는 하천이나 호수의 물은 0.008퍼센트에 불과하다. 그런데 총량으로 따지자면 물이 부족하지는 않다. 다만 지역적인 불균형, 경제적 사정이 문제인 것이다. 물이 남는 지역이 있는가 하면 절대적으로 모자라는 지역이 있고, 설사 물이 남아도는 지역이라도 경제력 때문에 정수 처리 시설, 공급 시설, 펌프 시설이 없어 오염된 물을 먹기도 하고 그나마도 하루 종일 걸어서 물을 길어 와야 하는 지역도 있다.

우리나라는 부존 지하수 양이 약 2,320억m^3로 매우 풍부한 편이다. 게다가 삼면이 바다라서 필요하면 언제든지 바닷물을 민물로 변환해 쓸 수 있다. 해수 담수화까지 고려하면 우리나라 물의 총량은 사실상 무한정에 가깝다.

그러나 해수 담수화나 지하수 취수는 하천 취수보다 비용이 다섯 배에서 열 배쯤 더 들기 때문에, 섬이나 오지에서만 시행하고 있다. 현재(2011년) 우리나라에서 사용하는 해수 사용량은 거의 무시해도 될 수준이고, 지하수 사용량 또한 총 사용량 337억m^3 가운데 37억m^3(2003년 기준)로 전체 물 사용량의 11퍼센트에 불과하다. 따라서 사용하기 쉽고, 취수하기 쉬운 하천에 흐르는 민물만을 수자원으로 취급하고 있다.

표7. 지구상 물의 부존량

구분		부피(억m³)	비율(억m³)	비고
총량		13,860,000,000	100.0	
바닷물		13,510,000,000	97.5	육지 염수 포함
담수	계	350,000,000	2.5	
	빙설	240,000,000	1.8	
	지하수	110,000,000	0.8	
	하천호수	1,000,000	0.008	

자료: 유엔세계수자원개발보고서, 2003

우리나라(남한)는 면적이 99,250km²(992억 5,000만㎡)쯤 된다. 이 면적에 비가 1mm 내린다면, 9,925만m³(992억 5,000만㎡×1/1,000m=9,925만m³)의 빗물이 하늘에서부터 땅에 떨어지는 셈이다. 1974년부터 2003년까지 30년 동안 하늘에서 떨어진 강수량(비, 눈, 우박, 안개 포함)의 평균값은 1,245mm이다. 따라서 연간 하늘에서 내리는 물의 총량은 1,240억m³(1.245m×992억 5,000만㎡=1,240억m³)이다. 이 민물의 양이 우리나라의 수자원 총량이다.

우리가 사용할 수 있는 물의 양은 얼마나 되나?

우리나라 수자원 총량 1,240억m³ 가운데 42퍼센트인 517억m³는 증발산되거나 지하로 침투되며, 58퍼센트인 723억m³는 하천으로 유출된다. 이론적으로는 하천 유출량을 모두 쓸 수 있다. 즉, 강과 시내에 흘러드는 물을 모두 모을 수 있는 물그릇(댐, 조절지, 연못, 지하수조)을 만들면 된다. 그러나 이것은 이론일 뿐, 현실에서는 불가능하다. 그러나 물을 재이용한다면 이 정도는 충분히 사용할 수 있다. 요르단은 물을 재이용해 하천 유출량의 150퍼센트를 사용하고 있다.

표8. 우리나라 수자원 총량과 물의 이용 현황

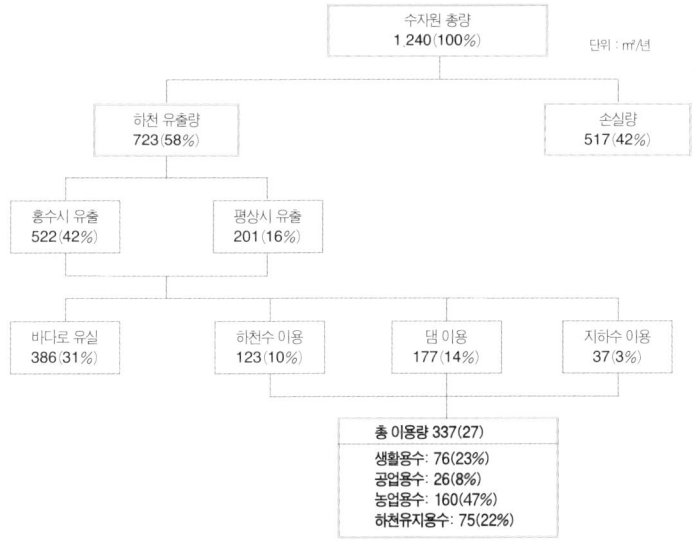

자료: 수자원장기종합계획, 2006

　한편, 실제로 하천 유출량을 증가시키는 방법도 있다. 나무 수종을 개량해 녹색댐[1]을 만들고, 지하 물 저장고를 많이 두어 수표면적을 없애고, 증발량을 감소시키기 위해 도로 포장에 투수콘[2]을 쓴다면 하천 유출량을 증가시킬 수 있다. 하지만, 이렇게 하더라도 증가량은 무시할 정도로 적기 때문에, 전문가들은 오직 하천 유출량 723억m³만을 사용 가능량으로 본다. 하천 유출량은 해마다, 계절마다 편차가 커서 물 사용에 한계가 있다는 주장도 있지만, 댐, 지하수조, 연못 등을 많이

---

[1] 녹색댐(산림)은 강우 시 홍수유출량을 줄여 홍수 피해를 줄이고 산림에 저류한 수자원의 균등한 유출로 갈수기에 가뭄을 막아 주는 거대한 댐의 기능을 갖는다 해서 붙여진 이름이다. 녹색댐의 주요 기능은 산림의 수원 함양 증대로서 ①강우 시 홍수 유량을 경감시키는 홍수조절 기능, ②비가 오랫동안 오지 않아도 계곡 물이 마르지 않게 하는 갈수 완화 기능, ③수질을 깨끗하게 하는 수질 정화 기능이 있다.
[2] 투수콘은 '투수성 아스팔트콘크리트'의 약자이다. 도로 포장에 통상적으로 쓰이는 일반 아스팔트콘크리트는 물이 통과하지 못하지만, 투수콘은 물이 통과할 수 있도록 제작된 특수 아스팔트콘크리트이다.

두면 이런 편차는 충분히 줄일 수 있다. 다시 말해서 연도별, 계절별 사용수량의 편차는 시설물의 건설 여부와 관련 있는 것이지, 사용 가능량과는 전혀 관계가 없다는 뜻이다.

우리가 필요한 물의 총량은 얼마나 되나?

'수자원장기종합계획(2006. 7.)'에 따르면, 우리나라에서 사용하는 물은 2003년에는 연간 337억m³였으며, 2011년에는 355억m³, 2016년에는 358억m³, 2020년에는 356억m³로 추정된다. 앞으로의 물 사용 추이가 2016년을 정점으로 점차로 늘다가 줄어듦을 알 수 있다. 이것은 인구 감소, 누수율 개선, 물 절약형 기기 개발을 고려해 추정한 것이다.

표9에서 2020년 필요량 356억m³ 중 유지용수 84억m³는 하천으로 흘려보내는 양이므로 우리가 순수하게 쓰는 물은 272억m³이다.

표9. 우리나라 용도별 물 사용 추이 (단위: 억m³/년) 연도

구분	1965년	1980년	1990년	2003년	2011년 (정부 추정)	2016년 (정부 추정)	2020년 (정부 추정)
수자원총량	1,100	1,140	1,267	1,240	1,240	1,240	1,240
하천유출량	-	-	-	723	723	723	723
총이용량	51.2(100%)	153(100%)	249(100%)	337(100%)	355(100%)	358(100%)	356(100%)
생활용수	2.3(4%)	19(12%)	42(17%)	76(23%)	81(23%)	81(23%)	81(23%)
공업용수	4.1(8%)	7(5%)	24(10%)	26(8%)	32(9%)	36(10%)	34(9%)
농업용수	44.8(88%)	102(67%)	147(59%)	160(47%)	159(44%)	157(44%)	156(44%)
유지용수	-	25(16%)	36(14%)	75(22%)	84(24%)	84(23%)	84(24%)

우리나라 물 사용 추이를 살펴보면 1965년 51억m³에서 2003년 337억m³로 약 30년 동안 6배 이상 증가했다. 인구는 1965년 2,870만 명에서 2003년 4,780만 명으로 1.7배 증가했을 뿐인데, 용수 이용량은 6배 이상 증가한 것이다. 이는 생활용수 보급률 증가, 경제 성장으로 말미암은 물 사용 증가, 댐이나 광역 상수도 건설 등 용수공급 시설 확충이 주요 요인이며, 관개 개선과 밭작물의 관개가 또 다른 요인이다.

한편, 앞으로의 필요량 추이를 보면 농업용수만 줄고 나머지 용수는 계속 증가한다. 2003년에 비해 2020년에 이르면 생활용수는 6억m³(8퍼센트 증가), 공업용수는 8억m³(31퍼센트 증가), 유지용수는 9억m³(12퍼센트 증가)로 늘어나지만, 농업용수는 4억m³(2.5퍼센트 감소)가 줄어들어서, 결국 2003년보다 전체적으로 19억m³(6퍼센트 증가)가 더 필요하다. 여기에서 농업용수는 전체의 44퍼센트를 차지한다. 정부가 펴낸 2004년 환경백서를 보면 2003년 현재 수요 관리를 통해 1억 4,000만m³를 줄였으며, 세부적으로는 절수 기기 개선으로 6,700만m³, 노후관 교체로 2,900만m³, 수도 요금 현실화를 통해 4,200만m³의 물을 절약했다고 되어 있다. 하지만, 이를 고려해도 물 사용은 점점 늘어난다는 주장이다.

2003년을 기준으로 하여 2020년에 생활용수가 6억m³ 증가하는 이유는 보급률을 높이는 데 기인한 것으로 보이나, 이것은 누수율 감소 및 절수기 사용, 물값 조절 등으로 증가율을 충분히 억제할 수 있다. 그런데 공업용수가 26억m³에서 34억m³로 8억m³(31퍼센트)나 증가하는 이유는 납득하기 어렵다.

공단 증가를 고려한 것으로 보이지만, 많은 용수가 필요한 섬유제품 공장, 가죽 공장, 가방 공장, 신발 공장 등은 이미 대부분 개발도상국가로 이전했다. 또한, 지금은 물을 절약하는 공장 가동 시스템, 물 재활용 시스템이 아니고서는 공장 운영이 불가능할 정도로 물값이 상승했고, 폐수처리 배출수 기준도 엄격해졌다. 이런 요인들 덕분에 앞으로 공업용수는 오히려 감소하리라고 나는 예상한다. 그런데 이 수치를 산출하는 데 참여한 한국건설기술연구원 참여 전문가들은 산업이 첨단화되면 오히려 더 많은 물이 필요하다고 주장한다. 설령 그렇다손 치더라도 지금보다 31퍼센트가 더 늘어난다는 것은 좀 이해하기 어렵다.

유지용수는 주로 유희(휴식과 오락을 위한 놀이)를 위해 물을 방류하는 수량, 오염 하천을 희석시키기 위해 추가 방류가 필요한 수량일 것으로 판단되지만, 비점오염원[1] 감축이나 하수처리수 방류 기준을 강화하지 않고서는 점점 더 늘어날 추세다. 더구나 희석수가 필요한 곳은 대부분 강 하류라서 재이용이 불가능한 일회용이며, 생활용수, 공업용수로 사용하는 양보다 이를 희석시키는데 더 많은 물이 필요하다면 이는 배보다 배꼽이 더 큰 '기형적 물 사용 구조'이므로 빨리 바꿔야 한다.

참고로, 표10과 같이, 수도권의 팔당댐과 팔당 하류에서 생활용수, 공업용수로 취수하는 양은 약 750만m^3(87m^3/sec)[2]인데, 이를 희석시키기 위해 물 950만m^3(110m^3/sec)를 사용한다는 사실을 국민은 잘 모르고 있다. 심지어 정부는 수자원장기종합계획에서 책정한 목표 수질(2급수: 3ppm)을 확보하기 위해서는 유지용수 공급량을 현재의 하루 950만m^3보다 4.5배 더 많은 4,300만m^3

---

1) 수질 오염원은 성격에 따라 점오염원과 비점오염원으로 나누는데, 점오염원은 오염 배출을 명확히 확인할 수 있는 점으로부터 하수구나 도랑 등의 형태로 배출되는 오염원이고, 비점오염원은 넓은 지역으로부터 빗물 등에 의해 씻겨 배출되어 정확히 어디가 배출원인지 알기 어려운 산재된 오염원을 말한다. 비점오염원의 예로는 농경지, 방목장, 도시의 가로, 산림지, 교외 지역 등이 있으며, 주로 토양 표면 또는 지표면 가까이 있는 잠재적 오염물질이 빗물에 씻겨 유출수에 포함되어 수계에 유입된다.
2) 한강수계댐연계운영평가보고서(2001. 12. 국무총리실)에 의하면 2001년 당시 댐 상류에서 하루 376만m^3, 댐 하류에서 하루 289만m^3 하루에 총 665만m^3가 필요하다고 보았으며, 유지용수는 하루에 659만m^3(2006년부터는 950만m^3) 흘려보내는 것으로 보았다.

표10. 한강 팔당댐 및 팔당하류 생·공용수 취수량

구분		취수시설용량 (천 m³/일)	취수량 (천 m³/일)	비고
서울시	풍납	700	337	지방상수도
	자양	1,450	515	지방상수도
	구의	960	530	지방상수도
	암사	1,710	1,106	지방상수도
	강북	1,050	700	지방상수도
	소계	5,870	3,189	
인천시	풍납	700	418	지방상수도
경기도	한강	314	249	복정, 성남열병합
	토평	63	29	지방상수도
	소계	377	278	
수공 (광역상수도)	팔당1	2,600	570	광역상수도 사용배분: 서울221, 인천890, 안산419, 수원301, 안양227, 부천189, 시흥111, 화성71, 평택91, 오산44, 용인159, 의정부113, 파수7, 포천7, 고양92 등
	팔당2	2,830	1,338	
	팔당3	2,000	1,381	
	덕소	475	274	
	소계	7,685	3,563	
총계		14,632	7,448	

자료: 2007년 상수도 통계에서 발췌

(497m³/sec)로 늘려야 한다고 주장하고 있다. 결국, 물이 부족한 것이 아니라 수질 오염으로 인해 희석수의 물이 모자란다고 아우성인 것이다.

농업용수는 사용량이 조금씩 줄고 있지만, 여전히 물 사용량에서 가장 높은 비율을 차지하고 있다. 앞으로 부족한 물 문제를 해결하기 위해서는 무상으로 공급되는 농업용수를 절약하는 것이 중요하다. 국토해양부가 2011년에 30년 빈도 가뭄이 발생한다면 3억 4,000만m³의 물이 부족하다고 발표했지만, 이는 농업용수를 2퍼센트만 줄이면 쉽게 해결할 수 있는 양이다. 식량자급율이 27퍼센트인 우리나라는 식량 안보 측면에서 농업을 장려해야 할 입장이다. 그러기 위해서는 경지 면적 증가, 단위 면적당 수확량 증가, 농작물 수종 변경 등 연구가 필요하다. 그러나 물 절약 측면에서는, 농민도 도시민 수준으로 살 수 있도록 다른 명목으로 보조를 해 주더라도, 농업용수만큼은 유료화해야 한다는 것이 내 생각이다. 그래야 농민들도 물 절약 노력에 적극적으로 동참할 것이다.

물의 재이용

하천 상류 어느 한 지점에서 물을 취수하여 쓰면 이때 사용한 물 일부(생활용수 및 공업용수는 65퍼센트, 농업용수는 35퍼센트)는 다시 하천으로 돌아가 재이용할 수 있게 된다. 곧, 한강 상류인 정선에서 사용한 물 일부는 다시 강으로 돌아가 영월에서 쓰고, 영월에서 쓴 물 일부는 충주, 여주, 양평, 남양주, 팔당댐에서 쓰고, 또 서울에서 쓰게 된다. 어느 하천이든지 상류에서 쓴 물은 하류에서 재이용하는 구조로 되어 있다.

그런데 우리나라는 낙동강 하구와 한강 하구에 대도시가 형성되어 있어 물의 재이용률이 극히 낮은 구조이다. 물을 재이용할 수 있는 상류에서는 인구가 적어 물을 조금밖에 쓰지 않는 반면에, 재이용하지 못할 하류에는 서울이나 부산 같은 대도시가 있어 물 재이용률이 낮을 수밖에 없다. 이것은 물 관리 측면에서 볼 때 아주 비효율적인 구조다. 그럴 뿐더러, 이 물을 희석시키기 위해 수도권의 경우 생활용수 및 공업용수 사용량(약 750만m³)보다 더 많은 물(약 950만m³)을 희석수(유지용수)로 사용하고 있다. 더구나 이 물(유지용수)은, 생활용수 및 공업용수와 달리, 한 번도 이용하지 않고 그냥 흘려보내는 물이다. 만일 중랑천, 탄천, 안양천 하수처리수의 방류구를 서울 끝단인 신곡수중보 하류까지 관

표11. 하천의 어느 한 지점의 물 재이용 예 (단위: m³/day)

연도	갈수시 자연유량	용수량				회귀수				과부족량	회귀계수
		생업	공업	농업	계	생업	공업	농업	계		
2011	650,000	515,000	24,000	100,000	639,000	334,750	15,600	35,000	385,350	(+) 396,350	생공용수 0.65 농업용수 0.35

표12. 물 수지 모식도 (m³/일)

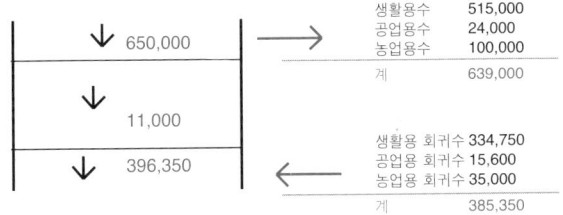

로를 연결시킬 수 있으면 이 많은 희석수를 쓸 필요가 없다.

물이 재이용되는 구조를 살펴보자. 물의 들고 나감(수지)을 분석한 표11과 그것을 모식도로 나타낸 표12에서와 같이, 하천 상류의 어느 한 지점에 최갈수량(30년 갈수) 하루 65만m³의 물이 흘러들어올(자연유량) 경우, 여기에 보를 막아 이 지점(취수지점)에서 생활용수 51만 5,000m³, 공업용수 2만 4,000m³, 농업용수 10만m³로 모두 63만 9,000m³를 취수했다고 하자. 우선 취수 지점 바로 아래 하류에서는 취수하고 난 나머지 하루 1만 1,000m³가 흐르게 되는데, 이 물은 이 구간에서 하천 유지용수 역할을 한다. 만일 이 구간에서 하루 10만m³의 유지용수가 필요하다면, 유지용수를 확보하기 위해 상류에 댐을 막아 하루 8만 9,000m³를 방류하든지, 아니면 생활용수, 공업용수, 농업용수 취수를 일부를 제한해야 한다. 한편, 사용한 물은 하·폐수처리장 또는 농업용 수로를 통해 하천으로 다시 돌아오게 되는데, 이것을 회귀수(回歸水)라 하고, 돌아오는 지점을 출구 지점(하천 중심으로 보면, 유입 지점)이라 한다. 농업용수로 사용하고 난 회귀수는, 농수로 위치에 따라 다르겠지만, 보통 하천 중간중간에 농수로를 통하여 서서히 들어올 것이다. 하지만, 생활용수, 공업용수의 경우는 오수관로에 모아져 하수처리장을 통하여 들어오는데, 일반적으로 하·폐수처리장은 하천 끝단 또는 도시 끝단에 있다. 예를 들면 서울시 중랑천 양안에서 사용하고 흘러드는 오폐수는 중랑천 하구 부근에 있는 중랑천하수처리장에 모아서 처리한 후(처리 전 오염 농도는 BOD 150ppm쯤이고, 처리 후 오염 농도는 약 10ppm)에 중랑천을 통해 한강에 유입된다. 다시 말해, 생활용수, 공업용수의 회귀수는 하수처리장 방류구를 통해 하천에 유입된다. 이렇게 유입된 회귀수는 자정작용에 의해 점차로 수질이 깨끗해지면서 하류로 이동할 것이며, 하류의 다른 도시들은 회귀된 물을 다시 이용하게 된다.

  설명을 쉽게 하기 위해 농업용수는 물론 하·폐수처리장도 동일 지점에 유입구가 있다고 보자. 농업용수의 경우는 사용량의 35퍼센트인 3만 5,000m³가 회귀수로서 지하수 또는 소하천을 통하여 하천으로 들어온다. 한편, 생활용수, 공업용수는 하수처리장을 통해 오염 농도를 줄여 65퍼센트인 35만 350m³가 다시 하천으로 돌아오게 된다. 따라서 취수 지점과 유입 지점 사이에는 물이 1만 1,000m³ 정도로 적게 흐르지만, 하수처리수의 하천 유입 지점 이후에는 39만 6,350m³가 흐르며, 순수하게 우리가 필요한 물은 25만 3,650m³(총 취수량 63만 9,000m³—총 회귀수량 38만 5,350m³)이 된다. 하류에 다른 도시가 있다면 동일한 방법으로 계산하되 유역 면적이 추가되므로 자연 유량(강수량)이 점차로 늘어남을 고려해야 한다. 이러한 계산을 각 하천 지점별로, 시간별로 하여 부족이 나타나면 부족한 양을 지하수나 댐 건설 등 다른 조치로 대처해야 한다.

  우리나라 최상위 물 관련 계획인 수자원장기종합계획을 위시해서 댐 계획,

하천 정비 기본계획, 상수도 취수원 계획 등을 수립할 때 이러한 방법을 취하여 물 부족 여부를 판단한다. 부족한 물은 기존에 건설된 댐과 저수지에서 물을 공급하며, 그래도 부족하면 다른 조치를 취해야 한다. 곧, 물 절약 운동, 토지 이용 제한, 추가 댐 개발, 물 절약 기기 개발, 해수 담수화 공장 설치 등으로 해결할 필요가 있다. 여기에서 '물이 부족하다'는 뜻은 현재 시설로 해당 기간, 해당 위치의 하천에서 취수할 물이 부족하다는 뜻이지, 물 자체가 없음을 뜻하는 것은 아니다. 이런 경우에는 물을 사용하기 위한 시설을 만들면 된다.

사용 가능량과 필요량 비교

앞서 말했듯이, 사용 가능한 물 723억m^3에 비해 2003년 우리가 사용하는 물의 총량은 재이용되는 물의 양을 제외하고도 337억m^3이며, 2011년에는 355억m^3, 2020년에 이르면 356억m^3가 필요하다.

따라서 물은 총량 측면에서 충분히 여유가 있다. 그러나 물은 필요한 시기에, 필요한 장소에서, 이미 확보한 물 공급 시설(댐)을 통해 물이 있을 때 사용할 수 있는 것이다. 이를 분석하기 위해서는 전 국토에 대하여 물 수지 분석을 해야 한다. 정부는 30년 가뭄을 가정하고, 시기별, 장소별로 물 수지 분석을 한 결과, 2006년 기준 352억m^3 정도의 공급 능력을 확보하고 있다. 따라서 앞으로 3억 4,000만m^3 정도만 추가로 확보하면 2011년까지는 큰 문제가 없다.

물론 이것은 지역 간 물 이동이 가능하다는 것을 전제로 한다. 그러나 현실적으로 이 전제는 거의 불가능하다. 예를 들어, 강원도 태백과 정선같이 높은 지대나 산간 계곡에서는 농업용수가 부족한데, 한강 하류에서는 물이 남아돈다.

이러한 경우는 전체적으로 물이 남는다고 해도 그 물을 부족한 지역에 보낼 수가 없다. 따라서 지류에서 부족한 물은 지하수 등을 개발해 보충할 수밖에 없다. 그럴 경우 추가로 필요한 지역별 누계량은 7억 9,700만m³이다.

표13. 우리나라 권역 또는 지역 물 부족량   자료: 2006 수자원장기종합계획

구분	2011년 물 필요량 및 확보량(억m³)			2011년 물 부족량(억m³)	
	30년 가뭄 시 연간 필요량	30년 가뭄 시 연간 확보량		지역별	권역별
		지역별	권역별		
한강	126.47	125.84	126.05	0.63	0.42
낙동강	97.21	95.97	97.32	1.24	(+)0.11
금강	69.45	68.71	68.84	0.74	0.61
영산, 섬진강	58.10	52.74	55.73	5.36	2.37
합계	354.98	347.01	351.58	7.97	3.40

권역별은 한 지역에서 쓰고 남은 물을 부족한 곳으로 송수할 수 있음을 전제로 한 수치이며, 지역별은 불가능함을 전제했다.

예상 부족량은 한강권 6,300만m³(0.5퍼센트), 낙동강권 1억 2,400만m³(1.3퍼센트), 금강권 7,400만m³(1.1퍼센트), 호남권 5억 3,600만m³(9.2퍼센트)다. 호남권이 가장 많이 부족하다.

그러므로 물 부족 문제를 해결하고자 한다면 당연히 호남권(영산강)부터 먼저 해결해야 한다. 나머지 권역들은 1퍼센트 안팎이기 때문에 큰 문제가 되지 않는다. 30년에 한 번, 1퍼센트 모자란 것을 두고 큰일이라도 난 것처럼 난리를 부릴 일은 아니다. 우리 국민이 1년에 목욕 서너 번만 줄이면 충분히 극복할 수 있는 양이다. 더구나 수요 예측량이 정확하다고 간주하더라도 2016년 이후부터는 수요량이 줄어들기 때문에 그리 걱정할 일이 아니다.

최악의 가뭄이 일어난다고 하더라도 기존 댐에 비상시를 위한 저수량低水量과 사수량死水量이 있기 때문에 걱정할 필요가 없다.

물 부족 국가, 진실 혹은 거짓

3

'물 부족 국가' 라는 말은 어디에서부터 시작되었나?

2006년 7월 우리 정부는 수자원장기종합계획을 통하여 "2011년에 30년 가뭄이 들었다고 가정할 때, 우리나라에서 1년 동안 필요한 수자원 양은 355억m³인데, 2006년 기준 시설로 공급 가능한 양은 347억m³이니 앞으로 필요한 수자원 양은 총 8억m³(유역 간 물 이동이 가능할 경우 3억 4,000만m³)으로 2.2퍼센트가 부족하다. 지역별로 보면 한강권에서 6,300만m³로 0.5퍼센트, 낙동강권에서 1억 2,400m³로 1.3퍼센트, 금강권에서 7,400만m³로 1.1퍼센트, 호남권에서 5억 3,600만m³로 9.2퍼센트가 부족하다. 이 부족한 양을 절약해서 만회하든지 댐, 해수 담수화, 지하수 개발과 같은 시설을 더 만들어야 한다"는 내용을 발표했다.

여기서 정부가 말하는 '물 부족'은 미래 기상 상황에 따른 '물 공급 시설'이 부족함을 뜻한다. 그것도 30년에 한 번 꼴로 2.2퍼센트가량 부족하다는 것이다. 이 조사 발표에 따르면 호남권에 물 부족 현상이 나타날 것으로 예상되나, 그밖의 지역은 물 부족분이 1퍼센트 안팎으로 크게 염려할 정도는 아니다.

한편, '물 부족 국가'는 그 나라에서 필요한 수자원량보다 공급 가능량이 적은 나라를 가리키는 말로, 어디까지나 '수자원'에 관한 문제다. 우리나라는 사용 가능한 하천 유출량이 723억m³이고 필요한 양이 355억m³이이, 결국 49퍼센트를 사용하고, 51퍼센트를 버리고 있는 셈이다. 더구나 삼면이 바다여서 해수 담수화를 통해 수자원을 확보할 수 있으니 말할 것도 없이 확실한 '물 풍족 국가'이다.

그렇다면 우리 국민은 왜 우리나라를 '물 부족 국가'로 알고 있을까? 정부가 지난 수십 년 동안 "한국은 유엔이 지정한 물 부족 국가"라고 홍보해 왔기 때문이다. 환경단체가 정부에 그 근거를 제시하라고 요구했다. 이에 정부는, 유엔이 한국을 물 부족 국가로 지정했다는 근거는 찾아볼 수 없으며, 앞으로는 '물 부족 국가'라는 표현을 쓰지 않겠다고 답변했다. 그 뒤 정부는 '수자원장기종합계획(2006)'에서 "물 부족 국가 분석치는 인구 증가에 대한 경고를 하기 위한 수치"였을 뿐이라고 언급했다.

'한국은 물 부족 국가'라는 말은 어디에서부터 시작됐을까? 그 유래는 이러하다. 스웨덴 수문학자 폴켄마르크는 하천 유출량을 인구수로 나누어 한 사람이 1년 동안 쓸 수 있는 수자원량이 1,000m³ 이하면 물 기근 국가, 1,000m³에서 1,700m³ 사이면 물 스트레스 국가, 1,700m³ 이상이면 물 풍요 국가의 3단계로 분류했다. 폴켄마르크의 분류에 따르면, 우리나라는 약 1,500m³(하천 유출량 723억m³÷인구수 5,000만 명)이니까 물 부족 국가(물 스트레스 국가)가 된다.

그러나 이 수치는 단지 해당 국가의 인구수 당 수자원량을 표현한 것에 불과하다. 더구나 이 자료는 스웨덴 수문학자인 폴켄마르크가 개인 자격으로 산정하고, 미국의 사설 연구소인 국제인구행동연구소(PAI)가 인구 문제를 다루기 위해 이 자료를 인용했으며, 유엔환경계획기구(UNEP)는 물 문제를 다루면서 국제인구행동연구소의 인구 문제 보고서를 인용한 것일 뿐이다. 이를 두고 우리나라 정부는 지난 20년 동안 "우리나라는 유엔이 지정한 물 부족 국가"라고 주장하면서 물 절약을 유도하기 위해 써먹고, 댐을 만들기 위해 써먹었는가 하면, 한편으로는 어느 특정 세력의 사익을 위해 악용되기도 했다.

폴켄마르크가 내세운 수치는 인구 증감 정책을 판단하는 자료로는 쓸 수 있지만, 물 부족 여부를 판단하는 근거 자료로는 쓸 수 없다. 국가의 경제 수준, 산업 업종 구성비, 보유한 댐 수효 및 저류 용량, 해수 담수화 공장 보유 능력, 지하수 부존량, 물 공급 시설, 물 관리 능력, 물 쓰는 습관에 의해 나라마다 물 사용량이 다르기 때문이다.

'인구'라는 단 한 가지 요소만으로는 물 부족 국가 여부를 판단할 수 없다. 폴켄마르크 수치로 물 부족 국가를 꼽는다면, 우리나라 전국에서 계곡이란 계곡에 모두 댐을 세우고 대형 해수 담수화 시설을 만들어 물을 펑펑 쓰고 남게 되더라도, 인구가 4,200만 명 이하로 줄지 않는 한 우리나라는 영원한 물 부족 국가로 남게 된다. 반면, 북한(약 3,400m³)은 인구가 더 늘지 않는 한 영원한 물 풍족 국가로 남게 된다.

이제 우리가 알아야 할 것은 한국이 '물 부족 국가인가, 아닌가?'가 아니라 '물 복지 불량 국가인가, 아닌가?'의 여부다. 사실 물 부족으로 인한 고통은 대부분 수자원이 부족해서가 아니라 소득 불균형과 시설 부족 때문에 발생한다. 나라에 수자원은 충분한데도 유독 가난한 사람들은 물을 필요한 만큼 사용할 수 없는 나라, 이런 나라를 '물 복지 불량 국가'라고 한다. 곧, 국민이 필요한 양을 필요한 때에 값싸고 유용하게 이용할 수 있는 기반 시설을 갖춘 나라를 '물 복지국가'라고 하며, 그렇지 못한 나라를 '물 복지 불량 국가'라고 한다. 이는 해당 국가의 수자원, 물 공급 시설, 국민소득 격차 및 물값 지불 능력, 물 사용의 가치와 중요도 인식 여부, 수질, 환경, 생태의 질적 수준을 종합하여 판단한다.

이러한 요인들을 종합해 보면, 우리나라는 선진국(G8)인 캐나다, 영국, 프랑스에는 뒤처지지만 일본, 미국, 독일, 러시아와는 물 복지 수준이 비슷하며, 이탈리아보다는 양호한 것으로 나타난다.

가뭄의 유형

가뭄이란, 평년보다 비가 적게 내리는 기상 현상을 말한다. 가뭄의 정도는 평년보다 비가 적게 온 정도를 말하고, 이를 'ㅇ년 빈도 가뭄'으로 표현한다. 예를 들면 비非우기인 10월부터 다음 해 6월까지 9개월 동안(유역이 작은 경우 5~6개월) 우리나라 연평균 강우량이 400mm인데, 해당 연도 강우량이 200mm라면 심한 가뭄이라고 말한다. 따라서 가뭄 강도는 9개월 동안 확보할 수 있는 모든 자료를 발췌하여 가뭄 확률 분석을 한 후 해당 연도 강우량이 '몇 년 빈도 가뭄'에 해당하는지 확인한다. 통상 100년 가뭄 자료를 발췌하여 강우량이 가장 적은 해를 100년 빈도 가뭄(100/1, 1퍼센트)으로 취급하고, 2번째를 50년 빈도(100/2, 2퍼센트), 3번째를 33년 빈도 가뭄(100/3, 3퍼센트), 4번째를 25년 빈도 가뭄(100/4, 4퍼센트)으로 취급한다. 즉, 100년 동안 가장 심한 가뭄을 100년 빈도 가뭄이라 하고, 50년 동안 가장 심한 가뭄을 50년 빈도 가뭄이라고 한다. 확률통계로 정밀 분석하더라도 위의 값들과 대개 비슷하다.

가뭄이 발생하면 하천유량과 저수지 수위가 정상 이하로 떨어지고, 토양 수분이 고갈되고, 지하수위가 낮아진다. 물 공급 시설에 과부하가 걸리고 물 부족 현상이 나타나게 된다. 그러나 가뭄이 발생하더라도 가뭄 대비 시설이 잘 갖추어져 있다면, 물 부족 현상은 나타나지 않는다.

가뭄의 여러 유형에 대해 알아 보자.

기상학적 가뭄은, 비가 적게 오는 일정 기간의 강수량이나 무강수 계속일수로 정의하거나 월별 또는 연별 평균치와 해당 연도의 강수량과의 백분율로 정의한다. 단순히 물이 건조한 정도와 그 지속 기간에 따라 '예년'과 비교하여 가뭄 정도를 평가한다.

농업적 가뭄은, 강수량이 적어서 농작물 생육에 영향을 주는 가뭄으로서, 기상 상태와 식물의 성장 단계별, 토양 깊이별로, 필요 수분량을 따져 가뭄 정도를 판단한다. 농업적 가뭄은 농작물 성장에 필요한 토양 수분을 확보하지 못하는 것을 말하므로, 오로지 '토양 수분'에 따라 결정된다.

수문학적 가뭄은, 강수량이 적어서 하천, 저수지, 지하수 등이 고갈되어 생활용수나 공업용수가 부족해지는 가뭄을 말한다. 우리가 흔히 말하는 가뭄은 '수문학적 가뭄'을 말한다. 아무리 오랫동안 비가 오지 않아도 저수지에 필요한 물이 저장되어 있다면 가뭄으로 인한 피해는 나타나지 않기 때문이다.

사회경제적 가뭄이란, 강수량이 적어 농산물 작황에 피해를 주고, 그로 인해 농산물 가격이 폭등하고 상품의 수요와 공급이 깨지며, 전기 생산에 차질을 빚는 등 경제 활동에 영향을 끼쳐 사회 혼란을 일으키는 가뭄을 뜻한다.

가뭄 강도는 기상학적 가뭄, 농업적 가뭄, 수문학적 가뭄 순으로 나타나며, 더 심해져서 사회적 가뭄으로 이어지면 사회적 혼란을 일으킨다.

2001년 6월에 전국적으로 100년 빈도의 기상학적 가뭄이 발생했다. 그러나 한강 수계(수도권) 팔당댐에서 물을 먹고, 신곡수중보에서 논물을 대는 수도권에는 물 부족 현상이 나타나지 않았다. 그 이유는 기상학적, 농업적 가뭄은 극심했지만 충주댐, 소양강댐 물을 이용하는 수도권에서는 수문학적 가뭄이 발생하지 않았기 때문이다. 곧, 사회경제적 가뭄으로 이어지지 않았다는 것이다.

큰 댐에서 물을 받아쓰는 주민은 몇 달 정도 비가 오지 않는다고 해도 당장 문제를 겪지 않는다. 가뭄이 1, 2년 정도 장기간 이어질 때 물 부족 현상을 겪는다. 2001년 6월에 100년 빈도의 기상학적 가뭄이 발생했으나, 그 가뭄이 2년 연속으로 일어나지는 않았던 것이다.

가뭄 대비 시설을 할 때에는 장래 가뭄을 예측해 계획하지만, 사실 20년, 30년 뒤에 있을 가뭄을 예측하기란 불가능하다. 따라서 과거에 발생한 가뭄 상황이 앞으로도 똑같은 주기로 발생한다고 가정하고 과거에 발생한 최악의 가뭄, 곧 '기왕최대가뭄'에 안전하도록 대비하거나 또는 설계 기준에 의해 가뭄 설계 빈도를 도출하여 시설한다.

불과 오륙십 년 전만 해도 우리나라에는 가뭄에 대비한 시설이 많이 부족했지만, 지금은 설계 기준(광역 상수도 30년, 지방 상수도 10년, 농업용수 10년)에 따라 전국 대부분의 지역에서 가뭄에 대비한 시설을 갖추고 있다. 이제 우리가 관심을 두어야 할 것은 '이상기후'에 의한 가뭄이다. '이상기후'란 최근 30년 동안 관측한 기록에 나타나지 않은 사례가 발생하는 기후 현상을 말한다. 지구 환경 변화에 따른 이상기후는 세계 곳곳에 극심한 가뭄을 일으키고 있다.

지구 기후 변화를 일으키는 요인은 크게 자연 활동과 인간 활동이 있다. 자연 활동에 따른 변화는 유성 충돌, 지구 판 구조 이동과 화산 활동, 지구궤도 변화 등에 의해 일어나고, 인간 활동에 따른 기후 변화는 19세기 산업혁명 이후 급격히 늘어난 '화석 연료' 사용에서 비롯한다. 산업 활동으로 인해 대기 온도가 올라가고, 극 지역 빙하와 만년설이 녹아내리면서 해수면이 상승하여 강수량, 증발량 그리고 토양 함수량의 변화를 가져온다. 엘니뇨와 라니냐 현상으로 전 세계는 지금 사막화, 홍수, 가뭄 같은 재앙으로 몸살을 앓고 있다.

물 부족은 사실 공급 시설 부족이다

물 부족이란, 어떤 상황(가뭄)을 설정하여 물이 필요할 때 필요한 만큼 물을 쓸 수 없는 경우를 말하며, 물이 부족한 정도는 필요총량에 대한 부족총량의 백분율로 표시한다. 예를 들어, 야유회를 갔을 때 한 사람당 필요한 물이 2리터인데, 1리터밖에 준비하지 못했다면 그 부족한 정도를 50퍼센트(1−1/2=0.5)라고 표현한다. 이처럼 물 부족은 '설정 상황'에 따른 준비 부족이나 시설 부족, 접근성 부족, 물 자체의 부족 등일 수 있다.

우리가 방송에서 익히 들어온 "2011년이 되면 물 12억m³가 부족하다"는 내용도 장래 30년 빈도의 가뭄 상황을 설정하고, 2001년 공급 시설에 맞추어 나온 결과 값이다. 이 수치는 우리나라 하천법에서 10년 단위로 수립하게 되어 있고, 5년마다 타당성 여부를 검토하여 바꾸도록 규정되어 있는 수자원장기종합계획(2001) 자료에 따른 것이다. 하지만 이 수치는 계속 바뀐다. 2006년 7월에 발표된 수자원장기종합계획에는 "2011년이 되면 355억m³(유지용수 84억m³)의 물이 필요한데, 2006년 공급 시설로는 30년 가뭄이 발생했을 때 351억 6,000만m³ 이상은 공급할 수 없으므로, 약 3억 4,000만m³(유역 간 물 이동이 불가능하다는 전제로는 8억m³) 정도의 물 공급 시설이 부족할 것이므로 앞으로 더 많은 시설을 준비하지 않으면 30년 빈도 가뭄이 발생했을 때 1퍼센트가량 물이 부족해 고통받을 것이다"라는 내용으로 수정되었다. 정부는 2011년 7월에 또 다른 수치를 제시할 것이다. 이 분석의 목적은 공급 시설을 더 늘려야 하는지 여부를 판단하기 위함이다.

물 부족 예측은 한 국가에서의 인구 증가 추세, 물 사용 추세, 경제 성장 추세, 산업 구조를 고려하여 앞으로 필요량을 추정한다. 어떤 상황(가뭄 빈도)을 설정하고, 해당 가뭄 빈도 상황에서 현재의 공급 시설로 공급 가능량과 비교하여 필요량보다 공급량이 모자랄 때 물 부족이 나타날 것으로 예측한다. 수요량보다 수자원이 충분하면 적은 비용으로 물을 구할 수는 있지만, 수자원이 풍부하다고 해서 반드시 물 사용에서 불편을 겪지 않는다고 보장할 수는 없다. 인도네시아는 한 사람이 일 년 동안 쓸 수 있는 수자원량이 13,381m^{3}로, 우리나라(1,500m^3)보다 무려 9배나 많다. 하지만, 인도네시아는 국민이 물을 구하기 어려운 나라로 분류되어 우리나라 민간단체 팀엔팀에서 수도 펌프 시설을 많이 지원하는 나라 중 하나이다. 이처럼, 수자원은 풍부하지만, 돈이 없어서 공급 시설을 갖추지 못한 나라도 꽤 많다. 이런 나라는 수요량에 비해 공급 시설과 재정이 부족한 것이지, 물 자체가 부족한 것은 아니다. 물 부족은 대부분 시설 부족이나 관리 능력 부재에서 발생하는 인재라고 볼 수 있다.

2009년초 강원도 태백에서 비가 많이 올 거라는 기상예보를 정확한 예보로 알고서 미리 광동댐에서 많은 물을 빼내었다가 실제로는 비가 많이 오지 않아 지역 주민이 물 부족으로 고통을 받았다. 더구나 그 지역 수도 누수율이 50퍼센트나 되어서 물 부족 현상을 더욱 가중시켰다. 관리 능력 부재가 초래한 물 부족의 좋은 예이다.

가뭄 대비 시설의 설계 기준은 해당 국가의 생활 풍습, 경제 수준, 물에 대한 가치에 따라 다르다. 아울러 가뭄 대비 시설은 국가 재정이 허용하는 범위 내에서, 국가가 정한 설계 기준 범위 내에서 이루어지므로 설계 기준을 벗어난 가뭄은 천재지변으로 본다. 즉, 설정한 가뭄 이하에서는 물 공급 시설(댐, 취수장, 해수 담수화, 양수장, 지하수 개발, 상수도 시설, 하수처리 시설[1])로 해결하지만, 그 이

---

1) 하수처리 시설을 완벽하게 하면 희석수(유지용수)가 필요 없어지며, 결국 댐을 많이 건설하여 물을 공급하는 것과 같은 효과를 발휘한다. 따라서 하수처리 시설도 공급 시설과 같은 개념으로 보는 것이다.

표14. 선진국의 설계 기준 (이수 안전도)

나라 이름		설계 기준
한국		30년 가뭄(수자원장기종합)
일본		10년 가뭄
미국	미개척국	기왕최대가뭄
	미공병단	20년 가뭄
	캘리포니아 주	기왕최대가뭄
	워싱턴 주	100년 빈도 7일 가뭄
영국	WESSEX 물관리청	50년 가뭄
	ANGLIAN 물관리청	기왕최대가뭄
프랑스		10년 가뭄
네덜란드		기왕최대가뭄(50년 가뭄에 해당)

상의 가뭄에서는 불가항력이다.

　우리나라 농업용수는 10년 빈도 가뭄에 안전하도록 설계되어 있고, 생활용수 및 공업용수는 중소도시에서는 10년 빈도 가뭄, 대도시는 30년 빈도 가뭄에 안전하도록 설계되어 있으며, 광역 상수도나 우리나라 전체의 물 수급 관계를 따지는 수자원장기종합계획에서는 30년 빈도 가뭄으로 설정하였다.

　우리나라에서 가뭄 대비 시설의 설계 기준을 설정할 때에는 선진국(표14 참조) 기준을 참고하고 재정 능력과 물에 대한 국민의 관심도, 가뭄 피해 규모를 고려하여 정하지만, 국가 기준으로 채택하기 위해서는 법적 지위를 가진 국토해양부 산하 중앙설계심의위원회에서 심의 절차를 거쳐 고시한다. 이 과정에서 국민적 합의가 필요한 중요 사안은 여론 조사나 공청회 등을 통해 사회적 합의 과정을 거친다.

　지난 2001년 6월에 일어난, 기상 관측 이래의 최악의 가뭄은, 한강 수계와 섬진강 수계에서는 100년만의 가뭄이었고, 낙동강 수계에서는 50년만의 가뭄이었다. 그 기회를 틈타 국회의원들은 자기 지역에 가뭄이 심하니 댐을 건설해야 한다고 목소리를 높였고, 국토해양부 또한 밤성골댐, 송리원댐, 한탄강댐 등 12개 댐을 지어야 한다고 발표했다.

그런데 지방 상수도, 농업용수는 10년 빈도 가뭄, 다목적댐에서 공급받는 광역 상수도는 30년 빈도 가뭄에 안전하게 시설해 놓고서 100년 빈도 가뭄에 맞추어 새로운 댐을 건설하자는 주장은 억지다.

만일 가뭄이 우리나라 존립에 큰 위협을 가져올 정도로 중요하다면, 100년이 아니라 1,000년 빈도 가뭄에 안전하도록 설계 기준을 높이면 된다. 그러나 그렇게 하자면 나라 안의 모든 물 관련 시설을 다시 짓거나 증설해야 하므로 엄청난 예산을 투입해야 한다. 세금을 더 많이 거둬야 하고, 복지 예산 등 국민에게 돌아가야 할 각종 예산을 대폭 삭감해야 할 것이다. 이것은 결코 현실적인 대안이 아니다.

설계 기준에서 벗어난 가뭄 사태는 시설을 늘여 방어할 것이 아니라, 피해를 줄이는 방법을 모색해야 한다. 국가는 가뭄에 대비해 먼저 구조물에 의한 방법(hardware), 곧, 댐, 취수장, 해수 담수화, 펌프장, 상수도 시설, 하수도 시설 같은 구조물 시설로서 대응해야 하지만, 설계 기준을 벗어나는 가뭄에는 비구조물적인 방법(software)을 취해야 한다. 예를 들면, 30년 빈도 가뭄 내에서는 시설(hardware)에 의해 안전하게 공급을 받고, 그 이상의 가뭄이 일어나면 단계적으로 제한 급수를 하면서 고통을 줄이고, 피해를 줄이는 방법(software)을 취해야 한다.

물 부족 국가는 일주일에 목욕 한 번 하기 어려운 나라

'물 부족 국가'란 수자원 사용 가능 총량에 비해 수요 총량이 더 큰 국가를 말한다. 수자원이 부족한 국가는 물을 확보하고 공급 시설과 수자원 재활용 시설을 갖추는 데 비용이 많이 들기 때문에 대게 휘발유 값보다 물값이 훨씬 비싸며, 일부 부유층을 제외하고는 목욕 한번 하기도 어렵다.

지난날 정부는 오랫동안 '한국은 유엔이 지정한 물 부족 국가'라고 홍보해 왔다. 그런데 이 '물 부족 국가'란 표현에는 심각한 오류가 있다. 인력이 남아돌지만, 일자리가 없는 국가를 가리켜 '일자리 부족 국가'라고 하지 '인력 부족 국가'라고 표현하지는 않는다. 마찬가지로 수자원 자체가 없는 나라를 가리켜 '물 부족 국가'라고 표현하는 것이다. 우리나라가 물이 부족해 목욕 한번 하기 어려운 사람이 있는가? 생수 값이 휘발유 값보다 더 비싸지 않으냐고 주장하지만, 생수는 나라에서 관리, 공급하고 가격을 조정하는 공공재가 아니라 상품이기 때문에, 그것은 적절한 비교가 될 수 없다. 지금 우리나라는 풍부한 수자원을 바탕으로 싼값에 물을 공급하고 있다. OECD 20개국 가운데 한국은 멕시코 다음으로 물값이 싼 나라이다.[1]

물값이 다른 항목보다 싸다는 것은 물 사용이 그만큼 편리함을 말하고, 이는 곧 '물 복지 국가'를 뜻하는 것이다. 통계청(2007)에 따르면, 우리나라 가구당 월평균 수도 요금은 11,331원, 전기 요금은 41,952원, 통신 요금은 133,523원이

---

1) "우리나라 물값, OECD 회원국 중 두 번째로 저렴: OECD가 발간한 '수자원과 수처리 비용' 분석보고서에서 2008년 기준 우리나라 물값이 0.77달러로 OECD 회원 20개국 중 멕시코(0.49달러) 다음으로 싼 것으로 나타났다. 한국 다음으로 포르투갈(1.23달러/㎥), 그리스(1.4달러/㎥), 이탈리아(1.45달러/㎥), 캐나다(1.58달러/㎥), 일본(1.85달러/㎥), 스페인(1.92달러/㎥) 순이다. 물값이 가장 높은 나라는 덴마크 1㎥(6.7달러), 그 다음이 스코틀랜드(5.72달러/㎥), 핀란드(4.41달러/㎥), 벨기에(3.87달러/㎥)다." (코리아헤럴드, 2010. 03. 29.)

다. 물값이 전기 요금에 견주어 1:3.7, 통신 요금에 견주어서는 1:12.3 수준에 불과할 정도로 싸다. 정부 발표 자료에서도 한국은 물 풍족 국가인 독일에 견주어 1:7.7 수준으로 물을 싸게 사용하고 있고, 영국과는 1:6.8, 호주와는 1:3.5 수준임을 알 수 있다.

표15. OECD국가와의 물값 비교

구분	한국	이태리	미국	호주	일본	영국	프랑스	독일
수도요금(원, 1m³)	276	637	731	953	1510	1802	1996	2129
비교(배)	1	2.3	2.6	3.5	5.5	6.8	7.2	7.7

자료: 수도정책과 물절약종합대책의 추진 현황과 향후 계획, 환경부 2005

물 복지 국가를 판단하는 요소들

'물 복지 국가'란 국민이 필요할 때에는 언제든지 값싸고 편리하게 물을 사용할 수 있도록 그 기반 시설을 잘 갖춘 나라를 말한다. 여기에는 물 복지 국가에 대한 기준 설정이 필요하다. 선진국 G8의 평균 정도로 볼 것인가, G20[1] 평균으로 볼 것인가? 아니면, OECD 평균 정도로 볼 것인가? 아니면, 전 세계의 평균 정도로 볼 것인가, 1만 년 빈도로 볼 것인가? 하지만, 이에 대한 명확하게 정해진 기준은 현재로서는 없다. 지금으로서는 상대 비교만 할 수 있을 뿐이다.

물 복지에 영향을 미치는 요소들은 어떤 것이 있을까?

첫째로, 수자원을 꼽을 수 있다. 해당 국가에 수자원이 많으면, 싼값에 시설을 할 수 있다. 이는 1인당 사용 가능량으로 표시할 수 있으며, 사용 가능한 물

---

1) 선진국으로 이루어진 주요 8개국 G8(미국, 영국, 독일, 일본, 러시아, 이탈리아, 캐나다, 프랑스) 여덟 나라에 신흥국인 한국, 스페인, 터키, 남아공, 사우디아라비아, 멕시코, 인도네시아, 인도, 중국, 브라질, 호주, 아르헨티나의 열두 나라를 추가한 주요 20개국을 말한다.

의 총량을 인구수로 나누어 구할 수 있다. 둘째로, 물 공급 기반 시설이다. 물 공급 기반 시설이 잘 갖추어지면 물을 이용하는 데 편리하다. 선진국일수록 기반 시설이 잘 되어 있으며 후진국일수록 물 공급 기반 시설이 절대적으로 부족하다. 셋째로, 소득 격차와 물값 지급 능력이다. 수자원이 아무리 풍족해도 물값을 치를 능력이 없으면 물은 그야말로 그림 속 떡일 뿐이다. 이는 1인당 평균 연소득, 소득 불균형 정도로 가늠된다. 따라서 개인과 나라가 어느 정도 부유한지가 중요하다. 넷째로, 물 사용의 중요도(가치) 인식 여부이다. 해당 국민이 물에 대해 어떤 생각을 가지고 있는지와 또 물 쓰는 습관은 어떠한지 및 물이 사회에 미치는 기여도, 물을 사용하는 불편함 정도와 밀접한 관련이 있다. 다섯째로, 수질 및 환경과 생태 관련 질質의 문제이다. 수질, 물 스트레스, 수질의 규제와 관리 능력, 정보 능력 등이 이와 관련 있다.

그밖에도 여러 요소가 있으며, 그 모두를 고려해 '물을 필요한 때에, 값싸게, 편리하게 쓸 수 있는 나라인지 아닌지, 곧, 물 복지 국가인지 아닌지의 여부를 판단한다. 문제는 이런 다양한 변수를 평가하기도, 이를 수치로 표시하기도 어렵다는 점이다.

물 부족 여부 평가

평가 결론에 대한 혼란

국책 연구는 동일한 자료를 가지고도 보고서 작성자 의도에 따라, 발주처(국토해양부, 수자원공사)의 정책 방향에 따라, 연구 수행자의 성향에 따라, 누구의 돈(용역비)으로 용역을 수행하느냐에 따라 전혀 다른 결론을 내기도 한다.

예컨대, 물 빈곤지수(WPI)[1]는 147개국 가운데 핀란드가 가장 양호한 78이고, 그 뒤를 캐나다(77.7), 아이슬란드(77.1)가 잇고 있으며, 아이티가 35.1로 국민이 물 사용에 불편을 느끼는 정도가 가장 높았다. 대한민국은 62.4로 일본(64.8), 미국(65), 독일(64.5)보다는 물 빈곤지수가 조금 낮고, 이탈리아(60.9)보다는 양호하다. 하지만 이 수치를 가지고 건설기술연구원에서 수행한 '수자원 장기종합계획(2006)'에서는 "147개국에서 43위 수준이며, 29개 OECD 국가 가운데 20위로서 낮은 수자원 환경에 위치한다"고 결론 내렸다. 반면에 같은 건설기술연구원소속 한 연구원은 '2003년 춘천 물 포럼[2]'에서 "우리나라 물 사정은 일본보다 열악하지만, 아시아 다른 국가들보다는 나은 것으로 나타났다. 한국(62.4)과 호주(62.3)가 다른 선진국들에 비하여 상대적으로 약간 낮으며, 일본(64.8)과 미국(65) 그리고 독일(64.5)이 비슷하며, 프랑스(68)와 네덜란드(68.5)는 상대적으로 약간 높은 수준이다. 이 평가 결과는 현재 우리나라 국민이 물 빈곤으로 인한 어려움을 겪지는 않는 것으로 나타났으며, 대체로 타당한 결과로 판단된다"고 발표했다.

똑같은 수치를 두고 같은 기관에 근무하는 연구자인데도 한 연구원(개인 자격)은 우리나라가 물 빈곤으로 어려움을 겪지 않고 있다고 평가하는가 하면, 또 다른 연구원(기관 자격)은 147개국 가운데 43위 수준이고, 29개국 가운데 20위로 수자원 환경이 낮다고 평가할 수 있음을 우리는 주목해야 한다.

국가에서 발행하는 보고서도 마찬가지다. 작성 의도, 용역 수행자의 성향, 연구자들의 속성, 돈 지급 부처, 발주처의 의지에 따라 전혀 다른 결론을 내리는

---

1) 영국생태수문연구소에서 분석한 자료로, 국민이 물이 부족하다고 느끼는 정도를 나타낸다. 숫자가 높을 수록 물 사용에 불편을 느끼는 정도가 낮아 양호하다.
2) "춘천물포럼 2003 논문집", 김승, 2003. 10(39, 56쪽).

경우가 많다. 경부(한반도) 대운하의 경제성(B/C)은 산정하는 기관이나 연구자에 따라 5.2가 되기도 하고 0.28이 되기도 하는 등, 1,700퍼센트라는 엄청난 편차를 보였다. 똑같은 국가 보고서를 똑같은 기관에서 분석한 경인(서울-인천) 운하는 권력자의 의지에 따라 경제성이 없다가 생기기도 했다. 오죽하면 김광수 경제문제연구소장이, 똑같은 국책 연구기관이 지난 정권에서는 4대강 사업은 망하는 지름길이라고 했다가 정권이 바뀌자 4대강 사업이 우리나라가 먹고 살 수 있는 유일한 길이라고 180도 바뀔 수 있느냐고 질타했을까?

상대 측이 있는 사업을 평가할 때는 충분한 자료를 가지고 정밀 분석한 뒤 양측이 인정하는 결론을 내려야 한다. 그러지 않으면 국가 정책을 결정할 때 이 평가보고서는 마땅히 배제되어야 한다. 양측이 동의하여 결론에 이르는 과정 또한 적법해야 한다. 어느 한쪽에 유리한 자료를 발췌하고 끼리끼리 모여 학회라는 이름을 내세우고 전문가 토론이라는 형태를 취해 여론을 수렴한 것처럼 꾸미고 결론을 내리는 예가 종종 있으므로, 국책사업을 평가할 때에는 평가 배경과 과정을 면밀히 살펴야 한다.

물 빈곤지수(WPI)에 의한 평가

물 빈곤지수란, '많은 변수를 고려하여 그 나라 국민이 물을 사용하는 데 불편을 느끼는 정도'를 나타내는 수치로서, 영국 생태수문연구소가 세계 여러 국가를 상대로 분석한 수치이다. 물 빈곤지수는 1인당 수자원 사용 가능량, 수자원(댐) 개발 정도, 수자원의 사회적 관리 능력, 물 이용의 효율성, 수질, 생태 환경 등을 5개의 항목에 각각 20점, 총 100점 만점으로 평가하며, 지수가 높을수록 물 사용에 불편을 느끼는 정도가 작음을 뜻한다.

수자원(Resources)지수는 내부 담수(민물) 유량, 외부 유입량 그리고 인구수로 산출한다. 물에 대한 접근성(Access)은 상수도 보급률, 하수도 보급률, 잠재적 관개 수요 추정치 대비 실제 관개 비율로 산정한다. 능력(Capacity)지수는 1인당 평균 연소득, 5세 미만 유아 사망률, 취학률, 소득분포에 대한 지니(Gini)계수[1]로 구성된다. 물 이용의 효율성을 나타내는 사용(Use)지수는 1인당 생활용수 사용량, GDP로 보정된 공업 분야의 물 사용 비율, GDP로 보정된 농업 분야의 물 사용 비율로 구성된다. 수자원 환경(Environment)지수는 수질 관련 지수, 물 스트레스 관련 지수, 규제와 관리 능력 지수, 정보 능력, 위험 종에 근거한 생물다양성으로 산출된다. 이러한 자료들을 총망라하여 분석한 결과 29개 OECD 국가와 8개의 G8 국가와 한국을 비교하면 표16과 같다.

표16. WPI 구성, 지표, 한국 점수와 순위

구성 요소	평가지표	평가 점수와 순위
(수자원) 1인당 수자원량	- 지표수 보유량 및 지하수 함량 - 인구	28위/29개국, 117위/147개국 (한국 6.1, 미국 10.3, 독일 6.5, 일본 8.1, 프랑스 7.9, 영국 7.3, 이탈리아 7.7, 캐나다 15.5, 러시아 13.0)
(접근성) 수자원 인프라	- 깨끗한 물, 위생시설 이용 비율 - 관개시설 이용률	22위/29개국, 27위/147개국 (한국 19.3, 미국 20.0, 독일 20.0, 일본 20.0, 프랑스 20.0, 영국 20.0, 이탈리아 19.8, 캐나다 20.0, 러시아 12.6)
(능력) 수자원의 사회적 관리 능력	- 1인당 GDP - 5세 미만 유아 사망률 - 교육률, 지니계수(소득배공평성)	16위/29개국, 20위/147개국 (한국 17.7, 미국 16.7, 독일 18, 일본 18.9, 프랑스 18.0, 영국 18.7, 이탈리아 17.4, 캐나다 18.7, 러시아 16.1)
(사용성) 물 이용량과 효율성	- 생활용수 사용량 - 공업용수의 GDP 기여율 - 농업용수의 GDP 기여율	15위/29개국, 106위/147개국 (한국 8.4, 미국 2.8, 독일 6.2, 일본 6.2, 프랑스 8.0, 영국 10.3, 이탈리아 5.3, 캐나다 6.9, 러시아 9.1)
(환경성) 환경	- 수질, 물 오염 스트레스 - 환경 규제와 관리 지표 - 정보의 투명성, 생물종 다양성	24위/29개국, 53위/147개국 (한국 10.9, 미국 15.3, 독일 13.7, 일본 11.6, 프랑스 14.1, 영국 16.0, 이탈리아 10.7, 캐나다 16.5, 러시아 12.5)
총괄 WPI지수		20위/29개국, 43위/147개국 (한국 62.4, 미국 65.0, 독일 64.5, 일본 64.8, 프랑스 68.0, 영국 71.5, 이탈리아 60.9, 캐나다 77.7, 러시아 63.4)

자료: 수자원장기종합계획, 2006

1) 빈부 격차와 계층 간 소득분포의 불균형 정도를 나타내는 수치로, 소득이 얼마나 균등하게 분배되어 있는지 평가하는 데 이용된다. 0과 1 사이의 값을 가지는데, 0에 가까울수록 불평등 정도가 낮음을 나타낸다. 0.4가 넘으면 불평등 정도가 심한 것으로 보며, 2006년 기준 우리나라 지니계수는 0.31로 OECD 평균(0.31) 수준이다.

수자원 보유 상황은 국토 면적에 비해 인구가 많은 우리나라가 당연히 세계에서 거의 꼴찌 수준으로 147개국에서 117번째. 그러나 물에 대한 접근성과 수자원의 사회적 관리 능력 및 물 공급과 관리에 영향을 미치는 환경성은 선진국 수준이며, 사용성(물 이용량과 효율성)은 미국, 독일, 일본, 프랑스, 이탈리아, 캐나다 등 선진국보다도 월등히 우수하다.

한 나라의 물 복지를 평가할 때, 지금까지 나온 분석 방법 중에서는 '물 빈곤 지수'가 가장 적절한 평가 기준으로 보인다. 이 결과에 따르면 우리나라 물 복지는 거의 선진국 수준에 올라 있다.

인구에 의한 평가

공급 가능량은 수자원 총량과 관련이 깊으며 하천 유출량을 의미하는데 강수량에서 증발산을 제외한 양에 국토 면적을 곱한 값으로 추정할 수 있다. 필요량을 산정하는 데에는 인구, 국민소득, 생활 수준, 산업 구조, 물에 대한 가치 등 여러 인자가 있지만, 가장 중요한 인자는 인구이므로 이를 채택하여 하천에 모이는 하천 유출량을 인구수로 나누어 표17과 같이 한 사람이 일 년 동안 쓸 수 있는 수자원량이 1,000m³ 이하이면 물 기근 국가군, 1,000m³에서 1,700m³ 사이는 물 스트레스 국가군, 1,700m³ 이상이면 물 풍요 국가로 구분했다.

이 표는 폴켄마르크 수치에 따라 나온 결과이다. 폴켄마르크는 한 사람이 1년에 필요한 물의 양을 1,700m³ 정도로 보았다. 한 사람이 1년 동안 쓸 수 있는 물의 양이 1,000m³ 이하면 마음 놓고 씻고 마시기가 어려워지며, 농사나 가축 사육 같은 경제활동이 어려워진다고 판단해 물 기근 국가(물 빈곤 국가)로 정하였으며, 그 사이를 '물 스트레스 국가'로 보았다.

표17. PAI 기준 물 스트레스 분류 기준에 따른 국가별 분류

구분	1인당 수자원량	해당 국가
물 기근 국가군	1,000m³/년 미만	알제리, 부룬디, **이스라엘**, 요르단, 케냐, 쿠웨이트, 리비아, 오만, 르완다, **사우디아라비아**, 싱가포르, 튀니지, 아랍에미리트, 예멘 (총 14개국)
물 스트레스 국가군	1,000~ 1,700m³/년 미만	벨기에, 체코, **덴마크**, 이집트, 아이티, **한국**, 레바논, 말라위, 모로코, 폴란드, 소말리아, 남아프리카공화국, 짐바브웨 (총 13개국)
물 풍요 국가군	1,700m³/년 이상	아프가니스탄, 알바니아, 앙골라, 아르헨티나, 아르메니아, 오스트레일리아, 오스트리아, 아제르바이잔, 방글라데시, 벨라루스, 베냉, 부탄, 볼리비아, 보스니아, 보츠와나, 브라질, 불가리아, **캄보디아**, 카메룬, 캐나다, 중앙아프리카공화국, 차드, 칠레, **중국**, 콜롬비아, 콩고, 코스타리카, 크로아티아, 쿠바, 도미니카공화국, 에콰도르, 엘살바도르, 적도기니, 에리트레아, 에스토니아, **에티오피아**, 핀란드, **프랑스**, 가봉, 그루지야, **독일**, 가나, 그리스, 과테말라, 기니, 기니비사우, 가이아나, 온두라스, 헝가리, 아이슬란드, 인도, **인도네시아**, 이란, 이라크, 아일랜드, 이탈리아, 자메이카, 일본, 카자흐스탄, **북한**, 키르기스스탄, 라오스, 라트비아, 레소토, 라이베리아, 리투아니아, 룩셈부르크, 마케도니아, 마다가스카르, 말레이시아, 말리, 모리타니, 멕시코, 몰도니, 몽골, 모잠비크, 미얀마, 나미비아, 네팔, 네덜란드, 뉴질랜드, 니카라과, 니제르, 나이지리아, 노르웨이, 파키스탄, 파나마, 파푸아뉴기니, 파라과이, 페루, 필리핀, 포르투갈, 루마니아, 러시아, **세네갈**, 시에라리온, 슬로바키아, 슬로베니아, 스페인, 스리랑카, **수단**, 수리남, **스웨덴**, 스위스, 시리아, 타지키스탄, **탄자니아**, 태국, 토고, 터키, **우간다**, 우크라이나, 영국, 미국, 우루과이, 우즈베키스탄, 베네수엘라, 베트남, 유고, 잠비아 (총 120개국)

표17을 보면, 한 사람이 일 년 동안 쓸 수 있는 수자원량이 1,500m³[31]인 우리나라는 물 부족 국가군에 속하며, 벨기에, 체코, 덴마크, 이집트, 아이티, 레바논, 말라위, 모로코, 폴란드, 소말리아, 남아프리카공화국, 짐바브웨 등이 물 부족 국가로 분류되어 있다. 서남아시아와 아프리카에 있는 알제리, 부룬디, 이스라엘, 요르단, 케냐, 쿠웨이트, 리비아, 오만, 르완다, 사우디아라비아, 싱가포르, 튀니지, 아랍에미리트, 예멘 등은 물 빈곤 국가로 분류되어 있다.

폴켄마르크가 제시한 수치로만 보면, 북한, 인도네시아, 중국, 에티오피아, 세네갈, 탄자니아, 우간다는 물 풍요국이다. 하지만 실제로는 우리나라보다 물 사용에 더 많은 어려움을 겪고 있다. 물 풍요국이고 서방 선진국(G7)인 이탈리아도 국민이 물을 사용하는 데 불편을 느끼는 정도가 우리나라보다 크다. 물 풍요국이라는 독일과 프랑스는 한국보다 1인당 하루 생활용수를 훨씬 적게 쓰고

있다. 따라서 위의 계산은 물 부족 여부의 진실을 나타내주지 못한다.

폴켄마르크 수치대로라면, 북한은 우리나라보다 국토 면적이 조금 더 넓고 인구는 우리의 절반에 지나지 않아 물 풍요국인 반면, 우리나라는 물 부족국이 된다. 그런데 실제로 물 사용에서는 이와 정반대다. 우리나라는 농업용수 공급에 어려움이 없지만, 북한은 농업용수가 부족해 농사에 큰 어려움을 겪고 있다. 농업용 저수지와 관정 등이 없기 때문이다.

폴켄마르크는 한 사람이 한 해 동안 필요한 물의 양을 1,700m^3 정도로 산정했는데, 사실 한 해에 1,700m^3를 쓰는 사람은 거의 없다. 여기에 대해 수문학자 피터 클리크는 반론을 제기한다.[2]

"실제로 물을 가장 많이 사용하는 미국인과 캐나다인조차도 1년 사용량이 1,693m^3이고, 오세아니아가 907m^3, 유럽이 726m^3, 아시아가 526m^3, 남아메리카가 376m^3, 아프리카가 244m^3를 사용하고 있다. 또 이스라엘은 1인당 사용 가능량이 300m^3에 불과하여 물을 늘 의식하면서 살아가지만, 아무도 기본량이 부족해서 고통 받지는 않는다."

이어서 클리크는 "현대 사회에서 물 부족을 겪는 것은 기술 문제가 아니라 정책과 제도의 문제"라고 주장했다.

폴켄마르크 수치로 분류한 물 부족 국가 분석은 댐 건설 여부, 물의 재이용 여부, 하수처리 시설 여부, 국민의 물 쓰는 습성, 물을 많이 쓰는 공장(염색 공장단지) 또는 물을 적게 쓰는 공장(반도체)의 유무와 관계없이 오직 인구수만을 고려해 산정한 수치이므로 우리가 물을 사용하는 데 느끼는 불편함 정도와는 전

---

1) 사용 가능량 723억m^3 ÷ 인구 50,000,000명 = 1,500m^3
2) 「물의 위기」, 마크 드 빌리어스(박희경, 최동진 번역), 세종연구원, 1996(86~88쪽).

혀 관련이 없다.

한 국가 내에서 평균적으로 가용 수량보다 필요 수량이 더 많은 국가를 '물 부족 국가'라 하며, 그 반대 경우를 '물 풍족 국가'라고 정의하고, 부족한 정도가 심하면 '물 기근 국가'라고 새롭게 정의해야 한다고 본다.

하천 취수율에 의한 평가

하천수를 많이 쓸수록, 하천으로 되돌아가는 오염수가 많아져 하천 수질이 나빠진다. 이 오염된 물을 깨끗한 물로 바꾸는 정도를 평가하는 지표로서, 사용량(취수량)을 사용 가능량으로 나눈 값을 취수율이라 한다. 취수율이 높으면 하천이 오염될 가능성이 높기 때문에 그만큼 물 관리에 비용이 많이 들 수밖에 없다. 그럴 경우 국가재정이 어려워질 수 있으므로 하천을 적정하게 이용해야 한다. 물론 철저한 하수처리를 통하여 맑은 물을 하천으로 되돌린다면 문제는 달라진다.

2006년 수자원장기종합계획(국토해양부)에 따르면, 우리나라는 2003년 연간 총 사용량은 262억m³(하천 유지용수 75억m³는 하천에서 취수하는 것이 아니므로 제외)로, 취수율이 36퍼센트(총 이용량 262m³ ÷ 하천 유출량 723m³ = 36.2퍼센트)다. 이에 따라 일본, 독일과 함께 물 스트레스가 보통보다 높은, 수요와 공급의 집중 관리가 필요한 나라로 분류된다. 그런가 하면, 이스라엘(108.3퍼센트), 이집트(127퍼센트), 요르단(150.8퍼센트)[2]처럼 하천 취수율이 100퍼센트가 넘는 나라도 있다.

이 수치는 단순히 하천 취수율만을 평가한 자료이다. 따라서 물 이용의 효율성(댐 건설 유무, 하수처리장 건설 유무) 등을 전혀 고려하지 않은 지표이다. 이 지표는 하천 관리자가 '하천 관리를 위해 필요한 지수'를 제시하는 것일 뿐이지

---

1) 「Water for Our Future」, 김승 외, 에코리브르 2004. 5.(157쪽).

물 부족으로 인한 불편함 정도를 나타내는 수치는 아니다. 따라서 하천 취수율만으로 그 나라의 물 부족 상황이나 물 복지 수준을 평가할 수는 없다.

표18. 국가별 하천수 취수율(%)에 따른 물 스트레스 구분

구분	취수율(%)	해당 국가	비고
심각한 물 부족	40 이상	파키스탄 이스라엘 요르단 이집트	심각한 물 부족 현상이 나타난다. 이 단계에서는 수자원의 공급을 고갈되어 가는 지하수와 염수鹽水의 담수화 사용에 크게 의존하게 된다. 따라서 수요 및 공급을 관리하기 위한 비상 대책이 필요한 단계이다. 경제 발전의 제한 요소로 심각하게 작용할 수 있다.
보통보다 높은 수준, 수요와 공급의 집중 관리 필요	20~40	한국, 일본 중국, 인도 독일	물 스트레스가 보통보다 높은 수준으로 평가할 수 있으며 수요와 공급의 집중적인 관리가 필요하다. 이 단계에서는 인간과 수생 생태계 사이에 적절한 물의 배분이 필요하며, 물 사용 효율을 높이기 위하여 GNP의 상당 부분을 물 관리에 투자해야 한다.
보통 수준	10~20	프랑스	보통 정도의 사용 강도로 볼 수 있으며, 물의 가용 여부가 일반적인 산업 활동의 제한 요소로 작용하게 된다.
자정 능력 충분	10 이하	호주 네덜란드	하천의 자정 능력이 충분하므로 수질이나 수량 측면에서 물 스트레스를 전혀 받지 않는다.

자료: 수자원장기종합계획보고서, 2006

물 수지 분석에 의한 평가 및 결과

물 수지 분석이란, 댐의 필요성 여부 판단, 하천에서 안정적인 취수 가능 여부 판단, 하천 관리자(국가 또는 시군)가 물 사용 여부를 승인할 때 사용하는 방법으로써 표11, 12(55쪽)와 같은 물 수지 분석 방법으로 구한다. 수자원장기종합계획에서 이 방법을 채택하고 있다. 국토해양부와 한국수자원공사는 1999년 개정된 하천법 제11조(수자원장기종합계획의 수립)에 의해 10년마다 이러한 분석을 통하여 발표하며, 5년마다 보완하도록 규정하고 있다.

지난날 국토해양부가 물 절약 홍보용 광고에서 "2011년이 되면 12억m³의

물이 부족하다"고 한 것도, 다음 쪽에 있는 표19와 같이, 2001년에 수립한 수자원장기종합계획에서 발췌한 수치이다. 또 "2011년이 되면 8억m³의 물이 부족하다"는 최근의 방송도 2006년에 수립한 수자원장기종합계획에서 발췌한 자료 중 유역 간 물 이동이 불가능하다는 전제에 따른 수치(58쪽의 표13 참조)다. 그런데 이 수치는 분석자의 성향에 따라, 목적에 따라, 경제 성장 예측 판단에 따라, 인구 증가 예측에 따라 큰 편차를 보일 수 있다.

표19에서와 같이 1991년과 1996년 보고서는 2011년에 이르면 한강권에서 물 11억m³가 모자라기 때문에 당장 영월댐(동강댐)을 짓지 않으면 수도권 물 공급에 큰 문제가 생긴다고 주장했다가, 2001년 분석 자료에는 3억m³가 부족하여 강원도 양구에 밤성골댐을 지어야 한다고 주장했고, 다시 2006년에는 그보다도 훨씬 더 적은 4,300만m³가 부족하다고 발표했다.

표19. 2011년에 30년 가뭄이 발생한다고 가정할 때의 물 부족 여부 평가 (단위:백만m³)

구분		1991~2011(1991.5)			1996~2011(1996.12)			2001~2020(2001.7)			2005~2020(2006.7)		
		전국	한강	낙동강	전국	한강	낙동강	전국	한강	낙동강	전국	한강	낙동강
수요량	생활용수	8,199	4,364	2,200	8,706	4,540	2,459	8,644	4,490	2,310	8,103	4,079	2,073
	공업용수	3,663	1,155	634	4,544	1,760	1,277	4,031	1,470	1,870	3,178	1,427	1,040
	농업용수	17,770	2,426	4,374	15,150	2,698	4,505	15,955	3,323	4,473	15,849	3,057	4,392
	유지용수	7,383	3,469	2,208	8,273	4,179	2,321	8,368	4,084	2,227	8,368	4,084	2,227
	계	37,015	11,414	9,416	36,673	13,177	10,562	36,998	13,367	10,880	35,498	12,647	9,732
공급량(수립 후 댐 건설되면 무의미)		35,147	10,364	9,242	34,662	13,177	10,562	36,998	13,367	10,880	35,498	12,647	9,732
수립 당시 보고서 원용 부족량		-1,868	-1,049	-174	-2,011	-1,120	-1,027	-1,228	-307	-695	-340	-43	+11
2006.7. 기준 공급 능력 판단	공급 가능량	35,185	12,605	9,743	35,185	12,605	9,743	35,185	12,605	9,743	35,185	12,605	9743
	부족량	-1,857	+1,191	+327	-1,515	-572	-819	-1,840	-762	-1,137	-340	-43	+11

낙동강의 경우에는, 2001년 보고서에서는 물 7억m³가 부족하다고 발표했다가, 2006년 보고서에서는 오히려 1,100만m³가 남는다고 수정해 발표했다. 여기에서 부족하다는 뜻은 30년에 1회 정도 특정 지역에서 단 며칠 정도 물 부족이 나타난다는 뜻이고, 그 양은 연간 총 사용량 355억m³ 중 3억 4,000만m³(유역 간 물 이동 가능함을 전제)가 부족함을 뜻한다. 곧, 30년에 한 번 물 부족 현상이 나타나며, 그 부족량은 연간 사용량의 1퍼센트라는 뜻이다. 30년에 한 번, 1퍼센트 부족한 것을 두고 과연 물 부족이라고 할 수 있겠는가? 그리고 '18억m³가 부족하다'고 발표했다가, 불과 5년 뒤에는 또 '3억 4,000만m³가 부족하다'고 했는데, 이처럼 고무줄처럼 마구 늘었다 줄었다 하는 수치를 내놓는 정부 보고서를 신뢰할 수 있을는지도 의문이다.

우리나라는 그동안 집중적인 시설 투자와 수자원 관리를 통해 일부 산간 지역과 일부 도서 지역을 제외하고는 30년 빈도 가뭄에도 정상적으로 물을 공급할 수 있게 되었다. 그러나 하천 본류 지역에서 멀리 떨어져 있고, 적절한 수원과 수도 시설이 갖추어져 있지 않은 일부 지역에서는 여전히 계절에 따른 물 부족 현상이 나타나고 있다.

정부가 수자원장기종합계획(2006)에서 제시한, 물 부족이 예상되는 지역을 살펴보자. 84쪽에 있는 그림1을 보면, 2011년의 물 부족 예상 지역은 낙동강 본류 지역이기보다는 낙동강 지류에 있는 김천 지역(2012년 김천 부항댐 완공 예정)이며, 대부분 4대강 본류에서 멀리 떨어진 산간 계곡이다. 특히 서남해안 섬 지역에서 물 부족 현상이 심각할 것으로 나타난다. 우리나라 물 부족 문제를 해결하려면 4대강 본류가 아니라 이들 지역에 집중적으로 투자해야 한다.

그림1에서 전체 사용량의 0에서 10퍼센트가 부족하다는 연천 지역(A)을 살

펴보자. 연천은 서쪽으로는 금강 다음으로 큰 유역 면적을 가진 임진강이 통과하고, 남쪽으로는 한탄강이 흘러 댐을 건설하지 않고도 최갈수기에 100만m³를 취수할 수 있을 만큼 물이 풍부한 지역이다. 2009년 연천군의 상수도 하루 사용량은 2만 2,000m³이며, 농업용 저수지는 전혀 없고 오직 하천수만을 농업용수로 이용한다고 가정하더라도, 하루 27만m³(논 55km², 밭 79km²) 정도이다. 하루 총 사용량은 아무리 많이 잡아도 30만m³를 넘지 않는다. 연천 지역(A)은 인구수 대비로 전국에서 물이 가장 풍부한 지역이다. 그런데도 이곳에 물이 부족하다고 계산되었다면, 이것은 물 자체가 부족한 것이 아니라 산간 계곡의 수도 시설이나 관개시설 등 '공급 시설'이 부족함을 말한다.

0에서 10퍼센트 정도 부족하다는 산청(B)과 10퍼센트에서 20퍼센트 정도가 부족하다는 거창 지역(B)도 마찬가지다. 거창은 황강이 도시를 지나고, 합천댐 수몰지 바로 위 상류에 있다. 산청은 남강이 도시 중앙부에 흐르고, 진주

그림1. 2011년 물 부족 지역

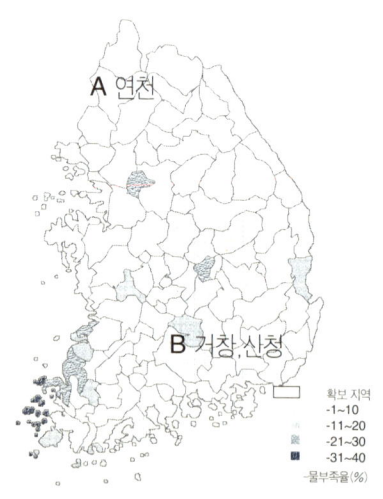

남강댐 수몰지 바로 위 상류에 있다. 두 지역은 수도권에 견주면 팔당댐 상류에 있는 양평이나 남양주에 해당한다. 이 지역에 물이 부족하다는 것은 황강이나 남강 지류 하천변 또는 계곡 지역에 물을 저장할 수 있는 농업용 저수지 같은 관개시설이 부족하다는 뜻이다.

한편, 물 공급 시설은 '사용 가능량'과는 전혀 별개다. '한정된 수자원 양을 얼마나 효율적으로 사용하는가?' 하는 공급 시설과 관련이 있으며, 공급 시설이 많으면 취수율 또는 사용률이 높아진다. 인도네시아, 에티오피아, 수단, 우간다 같은 나라는 수자원은 풍부하지만, 공급 시설이 부족해서 오염된 물을 식수로 사용해 수인성 전염병에 걸리는 경우가 많다. 댐이 많은 나라와 작은 나라는 수자원 양이 같아도 수자원 사용률은 하늘과 땅 차이다. 공급 시설 부족과 수자원 부족은 전혀 다른 이야기다.

소양호 상류 어느 지역에 양수 시설이 없어 소양호에 있는 물을 사용하지 못한다면, 이것은 양수 시설이 부족한 것이지, 물이 부족하다고 할 수는 없다. 30년 빈도 가뭄으로 농토가 말라 농심이 타 들어갈 때, 지하수를 파내면 얼마든지 물을 공급할 수 있지만, 양수 시설을 갖추지 못해 농수를 대지 못할 수도 있다. 이때에도 관정이 부족하다고 하지, 물이 부족하다고 하지는 않는다. 오염된 물일지라도 수량이 풍부한 하천이 있다면, 이 또한 물이 부족한 것이 아니라 정수 처리 시설이 부족한 것이다. 지금 낙동강, 한강, 영산강, 금강이 이 경우에 해당한다.

현대의 발달된 정수 기술은 '분뇨 처리수'도 먹을 수 있을 만큼 맑은 물로 만들 수 있다. 다만 처리 공정이 복잡해 비용이 많이 들 뿐이다. 실제로 '수도권 주민'은 춘천, 원주, 충주, 제천에서 방류하는 하수 처리수, 분뇨 처리수를 먹고 살아가는 셈이다. 다만 충주댐과 소양강댐에서 방류하는 맑은 물로 희석하여 먹을 뿐이다.

이처럼 우리나라 각 지역에서 겪는 물 부족 현상은 대부분 시설 부족과 준비 부족, 관리 문제에서 발생하지 물 자체가 부족해서가 아니다. 이는 "2011년에 물 12억㎥가 부족하다" 해도 공급 시설을 늘리면 해결할 수 있다는 뜻이다.

물 부족 여부 평가의 종합적 판단

물 빈곤지수에 의한 평가는 국민이 물 사용에 불편함을 느끼는 정도를 판단하기 위함이다. 인구에 의한 평가는 한정된 수자원을 고려하여 인구 증감 정책을 판단하기 위한 것이다. 하천 취수율에 의한 평가는 물 사용 강도에 따른 물 관리의 어려움을 알기 위한 평가이고, 물 수지 분석에 의한 평가는 수자원 공급 시설(댐)을 더 지을 것인지를 판단하기 위함이다.

우리가 알아야 할 것은 그 나라 국민이 물 부족을 느끼는 정도, 필요할 때 물을 얼마나 쉽게 구할 수 있는지 여부다. 그것은 '물 빈곤지수'를 통해 비교적 정확하게 파악할 수 있다.

나는 표20에서 인구 2,000만 명 이상인 국가와 이하인 국가를 구분하여 1인당 수자원 양, 하천 취수율, 물 빈곤지수를 비교해 보았다. 이것을 보면 "우리나라는 유엔이 지정한 물 부족 국가"라는 말의 근거가 된 인구수 대비 1인당 수자원 양이 물 사용의 편리성과 얼마나 동떨어진 수치인지 쉽게 알 수 있다.

중국은 한 사람이 1년 동안 쓸 수 있는 수자원 양이 2,259㎥로, 우리나라(1,500㎥/년)보다 50퍼센트나 많지만, 물 복지 수준은 한참 뒤떨어진다. 현재

---

1) 연합뉴스, 2004. 11. 15.
2) 자료는 대부분 국토해양부의 수자원장기종합계획(2006. 7.)을 참고해, 인구 2,000만 이상인 나라와 OECD 가입국을 중심으로 재구성한 것이다. 1인당 GDP는 네이버 백과사전(2008년 기준)을 참조했다.

중국 660개 도시 중에서 400개 도시가 물 부족을 겪고 있다. 연간 물 부족량도 300억m³에서 400억m³에 이르며, 특히 110개 도시에서는 심각한 물 기근으로 2,000만여 명이 고통받고 있다.[1]

호주는 1인당 수자원 양이 우리보다 17배나 많지만, 물 복지 수준은 우리와 비슷하다. 미국과 인도네시아도 수자원 양이 우리나라보다 7배나 많지만, 물 복지 수준은 비슷하다. 선진국 이탈리아는 우리보다 수자원 양이 2배 이상이지만, 물 복지 수준은 우리나라보다 뒤떨어진다.

표20에서 알 수 있듯이, 인구 2,000만 명 이상인 나라를 선별해 비교하면 우리나라는 세계에서 11번째로 물 복지 수준이 높은 나라이다. 표를 보면, 물 복지 국가 여부는 그 나라의 경제력과도 사뭇 밀접한 관계를 보이고 있음을 알 수 있다.

수자원장기종합계획의 물 수지 분석 평가 결과에, 2011년에 30년 빈도 가뭄이 발생하면 지역에 따라서는 다소 물 부족을 겪을 수 있지만, 전국적으로는 연

표20. 물 부족 여부 종합표[2] (G는 G8국, *표는 OECD 가입국)

나라 (인구 2천만 이상)	인구수 (천 명)	국토 면적 (km²)	인구밀도 (명/km²)	1인당 GDP (달러)	1인당 수자원 양(m³/인.년)	하천 취수율 (%)	물빈곤지수
*캐나다 G	30,757	9,971,000	3.0	43,485	94,353	2	77.7
*영국 G	59,634	243,000	254.0	45,575	2,465	17	71.5
*프랑스 G	59,238	552,000	107.0	34,208	3,439	19	68.0
*미국 G	283,230	9,629,000	29.0	45,845	10,837	20	65.0
인도네시아	212,092	1,905,000	111.0	3,978	13,381	-	64.9
*일본 G	129,069	378,000	341.0	34,100	3,332	20	64.8
*독일 G	82,369	357,021	231.0	35,442	1,878	28	64.5
태국	62,806	513,000	122.4	3,737	6,527	-	64.4
*스페인	39,910	506,000	78.9	32,067	2,794	28	63.6
러시아 G	145,491	17,075,000	8.5	15,922	48,314	3	63.4

나라 (인구 2천만 이상)	인구수 (천 명)	국토 면적 (㎢)	인구밀도 (명/㎢)	1인당 GDP (달러)	1인당 수자원 양(㎥/인. 년)	하천 취수율 (%)	물빈곤지수
*한국	47,849	100,000	479.0	16,449	1,511	36	62.4
북한	23,113	122,762	188.3	1,700	3,415	22	자료 없음
브라질	170,406	8,547,000	19.9	10,326	48,314	-	61.2
*이탈리아(G)	57,530	301,000	191.0	30,581	3,325	34	60.9
필리핀	75,653	300,000	252.2	3,546	6,332	-	60.5
아르헨티나	37,032	2,780,000	13.3	14,413	21,981	-	60.9
이란	70,330	1,648,000	42.6	11,250	1,955	-	60.3
루마니아	22,438	238,000	94.3	12,580	9,445	-	58.7
이집트	67,884	1,004,000	67.6	5,898	859	81	58.0
*멕시코	98,872	1,958,000	50.5	14,560	4,624	24	57.5
*터어키	66,668	775,000	86.0	13,138	3,439	19	56.5
*폴란드	38,605	323,000	119.5	17,482	1,596	22	56.2
인도	1,008,937	3,287,000	306.9	3,762	1,880	29	53.2
사우디아라비아	20,346	2,150,000	9.5	23,834	118	-	52.6
남아프리카	43,309	1,221,000	35.5	10,119	1,154	30	52.2
중국	1,282,437	9,598,000	133.6	5,963	2,259	18	51.1
나라 (인구 2천만 이하)	인구수 (천 명)	국토 면적 (㎢)	인구밀도 (명/㎢)	1인당 GDP (달러)	1인당 수자원 양(㎥/인. 년)	하천 취수율 (%)	물빈곤지수
*핀란드	5,255	338,145	16.0	36,217	-	2	78.0
*아이슬랜드	304	103,000	3.0	63,830	609,319	0	77.1
*노르웨이	4,469	324,000	13.8	83,922	85,478	1	77.0
*오스트리아	8,080	84,000	96.2	45,181	9,616	3	74.6
*아일랜드	3,803	70,000	126.3	59,924	13,673	2	73.4
*스웨덴	8,842	450,000	19.6	49,655	19,679	2	72.4
*스위스	7,170	41,000	174.9	42,783	7,462	-	72.1
*슬로바키아	5,445	48,845	112.0	22,040	-	-	71.2
*뉴질랜드	3,776	271,000	13.9	27,060	86,554	1	69.1
*네덜란드	15,864	42,000	377.7	46,261	5,736	9	68.5
*그리이스	10,722	131,940	81.0	28,673	-	12	65.6
*포르투칼	10,676	92,391	116.0	21,019	-	10	65.4
*호주	19,138	7,741,000	2.5	37,299	25,708	8	62.3

간 사용량의 1퍼센트 정도만이 부족한데, 수도권(한강권)은 0.3퍼센트가 부족하고, 부산권(낙동강권)은 오히려 0.1퍼센트가 남는다고 한다.

하지만 감사원의 '상수도 개발 및 운영 실태 감사결과 처분 요구서(2005. 11)'에 따르면, 전국 상수도 시설 가동률은 54퍼센트(적정 평균 가동률 75퍼센트), 광역 상수도의 가동률은 57퍼센트(적정 가동률 80퍼센트)에 지나지 않는다.[1] 심지어 아산 광역은 가동률이 10퍼센트, 충주 광역은 27.5퍼센트에 지나지 않는 것으로 나타났다. 많은 지역이 국가에서 허가한 수량보다 훨씬 못 미치게 쓰고 있는 셈이다.

이는 물 사용량(1인 1일 사용량이 1997년 410리터에서 2007년 340리터로 줄어듦) 절감, 물을 많이 쓰는 공장의 외국 이전, 물 절약 기기의 개발 등에 따른 결과다. 실제로 서울시는 2001년부터는 물이 남아돌아 생수 공장까지 세워 판매하기도 했으며, 경기도 광명, 하남, 구리, 남양주, 과천, 성남시 등에 수리권(물 이용 기득권)을 팔려고 '수돗물 세일즈'에 나서고 있다.

감사원 감사 결과와 수자원장기종합계획의 물 수지 분석 결과를 비교하면 이렇게 큰 차이가 난다. 이는 추진 부서(집행 부서)와 감시 부서(감사원)로서 저마다 관점이 다른 데에서 기인했다고 볼 수 있겠으나, 해당 기관의 책임자에게서 확인서까지 받은 상황이고, 국가기관으로서 기술적인 판단의 최상위 기관이므로 이들을 집행 부서보다는 더 신뢰할 수 있다.

---

[1] "상수도시설 중복 투자로 국고 낭비…전국 167개 지자체 감사: 감사원은 14일 지난해 11월부터 지난 3월까지 환경·건교·행자부와 수자원공사·서울시 등 167개 지방자치단체를 대상으로 벌인 광역·지방 상수도 개발과 운영에 대한 감사 결과를 발표하고 건교·환경·해당 시·도 등이 협의체를 구성해 관리체계를 개선할 것을 주문했다.……정부는 광역상수도 건설 시 이용률 목표를 79.7%로 잡고 평균원가를 190.7원으로 산정했으나 실제 이용률은 이에 훨씬 못 미치는 44.7%에 불과해 평균원가는 84.9원이나 오른 275.6원으로 집계됐다."(파이낸셜뉴스, 김영래 기자, 2005. 12. 14.)

유엔은 한국을 물 부족 국가로 지정하지 않았다

일반인들이 물 관련 지표를 제대로 이해하려면 '지표 산정의 목적이 무엇인가? 어떤 성향의 사람이 지표 산정 방법을 개발했는가? 어떤 성향의 사람들이 분석했는가?'를 잘 파악해야 한다. 지난날 정부가 주장해 온 "우리나라는 유엔이 지정한 물 부족 국가"라는 말이 허위임은 정부 당국자의 고백에서 명백히 드러났다.

2006년 3월 22일 연합뉴스는 '우리나라는 유엔이 정한 물 부족 국가 아니다'라는 제목의 기사에서, 국토해양부와 수자원공사는 매년 세계 물의 날을 맞아 펴내던 자료집 '물과 미래'에서 "우리나라가 물 부족 국가에 해당"된다는 표현을 삭제했다고 밝혔다. 아울러 "우리나라가 물 부족 국가에 해당된다는 것은 미국의 환경 및 인구 연구 기관인 국제인구행동연구소(PAI)의 연구 결과이며, 이 결과를 유엔 산하 기구가 각종 보고서에서 인용했을 뿐, 유엔이 우리나라를 물 부족 국가로 정한 것은 없었다"는 원인희 국토해양부 수자원기획관의 말을 전했다.

국토해양부와 수자원공사도 2006년 9월에 공식 발표한 '수자원장기종합계획(2006~2020) 종합보고서'를 통해 "우리나라는 유엔이 지정한 물 부족 국가"라는 표현이 잘못임을 인정했다. 보고서(174쪽)는 "국제인구행동연구소(PAI)에서 발표한 지수는 인구 증가로 인한 물 부족을 경고하기 위한 성격이 강한 지표라고 할 수 있으며, 수자원의 개발과 이용에 관한 일반적인 지표라고 보기는 곤란하다. 최근 우리나라에서는 이 분류에 따라 우리나라를 물 부족 국가로 분류하고, 물이 부족하므로 수자원을 개발해야 한다는 논리로 비약하면서 이 지표의 유용성에 대한 많은 문제 제기가 있었다"고 밝히고 있다.

그렇다면 정부는 왜 유엔에서 우리나라를 물 부족 국가로 지정했다고 거짓 홍보를 했을까? 정부는 물 절약을 유도하기 위해 그처럼 홍보했다며, 그 효과로 1997년 1인당 하루 사용량이 409리터였지만, 2007년에는 340리터로 17퍼센트가량 줄었다고 주장한다. 하지만 1인당 하루 사용량이 줄어든 가장 큰 요인은 홍보 효과라기보다 설비 투자와 제도적인 뒷받침 덕분이라고 생각한다. 1997년 우리나라 전체 누수율은 약 20퍼센트였지만, 2011년 현재 누수율은 12퍼센트로 1997년과 비교해 8퍼센트나 줄었다. 이것만으로도 생활용수와 공업용수 전체 사용량 100억m³ 가운데 8퍼센트인 8억m³의 절감 효과가 있었다. 그러니까 노후 관로 교체에 따른 누수율 감소로 1인당 하루 사용량을 줄일 수 있었던 것이다.

국민의 신뢰를 사야 할 정부가 오랫동안 '거짓 정보'로 국민을 세뇌시켜 왔다. 그 때문에 국민 대부분과 지자체는 여전히 우리나라를 '물 부족 국가'라고 믿고 있다. 여전히 댐을 만들겠다는 개발 논리가 끊이지 않는 것이 이를 뒷받침한다. 정부는 그동안 댐을 만들면 물 부족 국가에서 물 풍족 국가로 진입할 수 있을 것이라고 떠벌렸다. 하지만, 아이러니하게도, 정부가 국민을 우롱하는 자료로 활용한 국제인구행동연구소의 연구 기준에 따르면, 아무리 많은 댐을 만들어도 인구가 줄어들지 않는 한 우리나라는 물 부족 국가에서 벗어날 수 없다.

한국은 물 풍족 국가이며, 물 복지 국가

국민이 물을 사용하는 데 불편을 겪으면 기초 복지가 보장된 나라라고 할 수 없다. 노인이 생활하는 데 불편하지 않도록 시설과 제도를 잘 갖춘 것을 노인

복지라고 하듯이, 국민이 물을 사용하는 데 편리하도록 배려하는 것을 물 복지라고 할 수 있고, 그런 시설과 제도가 잘 갖춘 나라를 '물 복지 국가' 라 한다.

물 복지 국가는 물 부족 국가나 물 풍족 국가와는 다른 개념이다. 물 부족 국가라 하더라도 물을 재이용하여 국민이 물을 불편 없이 쓸 수 있도록 기반 시설을 갖추면 물 복지 국가가 될 수 있다. 이스라엘, 사우디아라비아, 싱가포르는 물 부족 국가지만, 물 절약 정책을 잘 실천하여 실제로 국민이 물을 사용하는 데 큰 어려움이 없다. 거꾸로, 그 나라에 수자원이 풍부하더라도 시설이 부족하여 국민이 물을 사용하는 데 어려움을 느낀다면 물 복지 국가라고 할 수 없다.

그렇다면 우리나라는 물 복지 국가에 진입했는가? 이는 국가의 수자원, 물 공급 시설, 소득 격차와 물값 지급 능력, 물 사용의 중요도 인식, 수질, 환경, 생태의 질적 수준을 총망라하여 판단한다. 우리나라는 선진국 캐나다, 영국, 프랑스보다는 못하지만, 일본, 미국, 독일, 러시아와 비슷하며, 이탈리아보다는 다소 양호한 물 복지 국가이다.

물 문제가 심각한 케냐나 에티오피아 사람들은 하루에 수십 킬로미터를 오가며 먹는 물 한 동이를 구해 온다. 그나마 길어온 물은 십중팔구 흙탕물이다. 모잠비크, 세네갈, 우간다에서는 물을 얻기 위해 일주일에 16시간을 소비하며, 우간다 동부 지역은 물을 구하는 데 연간 660시간을 소비하고, 남아프리카공화국에서는 1,500만 명이 1킬로미터 이상 떨어진 곳에서 물을 길어다 쓴다. 이런 나라들이야말로 진짜 '물 부족을 겪는 국가' 라고 할 수 있다.[1]

그런데 사실 이러한 나라들 중 에티오피아, 세네갈, 우간다, 남아프리카공화국은 물 자체가 부족한 나라라기보다 물 공급 시설이 부족한 나라로 봄이 옳다. 실제로 물 자체가 부족한 이스라엘이나 요르단은 물을 2중, 3중으로 재사용하는 것이 일반화되어 사용 가능량(하천 유출량)의 110퍼센트에서 150퍼센트를 사용하고 있다. 싱가포르는 물을 100퍼센트 재사용하기로 선언했다. 이런 나라들에 견주면 한국은 참으로 수자원이 풍부하며 공급 시설이 잘 갖추어진 나라이다.

앞서 말했다시피, 우리나라는 사용 가능한 물 양의 36퍼센트만 사용하고 나머지 64퍼센트는 버릴 정도로 물이 풍족하다. 농업용수나 지방 상수도의 경우 10년 가뭄에, 그리고 수도권과 같이 광역 상수도를 쓰는 대도시는 30년 가뭄에도 안전하도록 시설도 잘 갖추어져 있다.[2] 일본은 10년 가뭄, 프랑스는 10년 가뭄, 영국은 50년 가뭄, 네덜란드는 50년 가뭄, 미국은 주마다 다르나 미공병단은 20년 가뭄에 대비해 안전하도록 시설 규모를 정하고 있다.

우리나라 상수도 시설 평균 가동률이 75퍼센트(지방 상수도 69퍼센트, 광역 상수도는 80퍼센트) 이상은 되어야 물이 부족하다고 할 수가 있다. 그러나 우리나라 지방 상수도 시설 가동률은 53퍼센트에 불과하다.[3] 지방 상수도 시설의 경우 누수를 포함하여 우리가 필요한 양이 연평균 100이라고 가정하면, 연중 가장 많이 쓰는 날(하루 최대)은 120~150(전국 평균 하루 최대 125퍼센트)으로 하고, 정수장 시설은 144[4] 규모로 해야 하고, 하천 취수량은 158[5]이 돼야 한다. 그러므로 국가에서는 158을 하천에서 취수할 수 있을 때 지방 상수도의 취수

---

1) 「사람과 물」, 강찬수, 서울대학교 출판부, 2006. 6. (433쪽)
2) 우리나라의 수도 시설 기준에서는 계획취수량을 취수하기 위해서 필요한 저수 용량의 결정할 때 10년에 한 번 정도의 빈도를 갖는 갈수년을 표준으로 하고 있으며, 다목적댐에서는 20년에 한 번 정도의 빈도를 갖는 갈수년에서도 안정적으로 용수 공급이 가능하도록 계획하였으나, 최근 수자원장기종합계획에서는 30년에 한 번 발생하는 가뭄으로 조정했다.
3) 상수도 통계, 환경부(2007).
4) 광역 상수도와 달리, 일반 상수도는 하루 최대치의 15퍼센트 여유(125×1.15=144)를 둔다.
5) 하천 취수량은 정수장 시설 규모의 10퍼센트를 더한다(144×1.1=158).

허가를 내준다. 즉, 100의 물이 필요하다면 하천에서 158 정도의 물이 있을 때 상수도 취수 허가를 내주며, 이를 허가할 때는 국가에서 여러 가지 물 수지 분석에 의해 물이 모자라지 않음을 전제로 허락하는 것이며, 이미 허가를 받은 자가 있다면, 이들(기득 수리권자)에게 피해를 주지 않는 범위 내에서 허가를 내주게 되어 있다. 곧, 물이 남아야 허가를 한다는 뜻이다.

따라서 지방 상수도의 정수장 평균 가동률(1일 평균 사용량/시설 용량)은 69퍼센트(100/144=0.69)가 적정하다. 반면, 국회 예산처는 부하 변동률이 작은 광역 상수도의 경우에는 평균 가동률 80퍼센트가 적정하다고 제시했다.[1]

정부가 물이 부족하다고 주장하려면, 먼저 하천에서 추가로 취수할 여유분이 없다는 결론을 내야 할 것이다. 그러기 위해서는 우리나라 지방 상수도의 가동률은 69퍼센트, 광역 상수도 가동율은 80퍼센트 이상이어야 한다. 하지만, 우리나라 전체의 2007년도 상수도 시설 평균 가동률은 53퍼센트(2005년 감사원 자료는 56퍼센트[2])에 불과하며, 국토해양부가 관장하는 광역 상수도는 58.9퍼센트에 불과하다. 이것은 우리나라가 실제로는 물이 남아돈다는 증거이다.

몇 년 전 어느 토론회에서 한 토론자가 "우리나라 사람들은 다른 나라 사람들에 비해 물을 많이 쓴다. 사용량을 줄이면 댐을 짓지 않아도 된다"고 말했다. 그러자 한 대학교수가 "댐을 많이 만들어서 미국처럼 1인당 하루 600리터 정도 쓰면서 편리한 생활을 해야 한다"고 주장했다. 그 뒤 알아보니, 독일 사람들은 우리나라 사람들이 쓰는 340리터의 절반도 안 되는 132리터를 쓰고, 프랑스도 281리터로 우리나라보다 적게 쓰고 있었다. 일본은 357리터로 우리나라와 비슷했다. 유독 미국만이 1인당 하루 588리터로 물 소비량이 다른 나라보다 몇 배나 더 많았다.

일본 나가사키대 토다 기요시 교수는 영남대에서 열린 '21세기를 위한 사상 강좌'에서 이런 뼈아픈 지적을 했다.

"1948년 미 국무성 조지 캐넌은, 세계 인구의 6.3퍼센트를 차지하는 미국이 세계 부富의 50퍼센트가 필요하다고 했고, 1997년 클린턴 대통령은 세계 인구의 4퍼센트를 차지하는 미국인이 세계 부富의 20퍼센트가 필요하다고 말했다. 이러한 불평등을 유지하기 위해 힘(군대)이 필요하다고 내비쳤다. 전 세계가 미국처럼 소비하면 지구 다섯 개가 더 필요하게 되는데, 일본과 한국도 이러한 낭비 문명에 참가하고 있다. 그러나 지구에는 현재 10억 명이 굶주리고 있다. 미국의 석유문명은 지속 불가능하다. 곡물 생산지 역할을 하고 있지만, 석유문명의 일부인 미국 농업[3]은 지하수 고갈, 표토의 유출, 농약과 화학비료 과용, 유전자조작 작물 남용 등으로 장기적으로는 큰 불안을 안고 있다. 곡물 자급률이 낮은 아시아 선진 공업국(일본, 한국, 대만)은 계속해서 미국에 식량을 의존할 수밖에 없다. 낭비 문명의 미래를 불안하게 느낀 부시 정권은 지구온난화에 관련된 교토의정서 이탈, 대對 테러 등을 구실로 아프가니스탄 침공, 이라크 침공 등을 저지르며 환경 면에서나 군사 면에서 거듭해서 억지를 쓰고 있다. 미국 주도의 세계무역기구(WTO)나 기업을 중심으로 하는 세계화는 환경 파괴와 불평등을 더욱 조장하고 있고, 군사 대국으로서의 낭비 문명과 불평등을 존속시키려 하고 있다."[4]

이런 미국을 우리의 성장 모델로 삼는 것이 과연 올바른지 생각해 볼 일이다.

---

1) "광역상수도 사업평가," 국회예산처(2007).
2) "상수도 감사실태보고서," 감사원(2005. 7).
3) 미국 농업의 대부분이 대규모로 이루어지는데, 그런 대규모 농사는 모두 석유를 기반으로 한 기계를 움직여 농사를 짓고 있기 때문에 이렇게 표현한 것이다.
4) 「땅의 옹호」, 김종철, 녹색평론사, 2009. 1(296쪽).

오락가락하는 물 부족량 발표, 왜 매번 바뀌는가?

정부는 1991년 수자원장기종합계획 보고서에서, 2011년이 되면 물 18억m³가 부족하다고 발표했다. 이에 정부는 부족한 수자원을 확보한다고 횡성댐, 부안댐, 보령댐, 진안 용담댐, 밀양댐을 건설했다. 1996년 보고서에서는 20억m³가 부족하다고 발표하고 장흥댐, 평림댐을 건설했다. 이 과정에서 환경 단체와 주민이 반대하여 영월댐(동강댐) 건설은 무산됐다. 2001년 수자원장기종합계획 보고서에서는 또 12억m³가 부족하다고 예상하면서 12개 댐(한탄강, 밤성골, 화북, 부항, 옥계, 이안천, 송리원, 안의, 지천, 평림, 적성, 속사)을 건설하겠다고 발표했다. 그 가운데 화북댐, 부항댐만 건설했고 밤성골댐은 실패했다. 한탄강다목적댐은 물이 부족하지 않음을 확인하고 다목적에서 홍수조절 전용 댐[1]으로 바뀌었다. 2006년 수자원장기종합계획 보고서는 다시 3억 4,000만m³가 부족하다고 발표함으로써 성덕댐, 송리원댐(영주댐), 보현댐을 건설하고 있고 지금도 곳곳에 농업용 저수지를 짓고 있다.

정부는 지난 20년 동안 물 부족량을 20억m³에서 12억m³ 사이를 오가며 주장했다. 그러다가 2006년에 물 부족량이 3억 4,000만m³으로 대폭 줄어든 분석 결과가 나오자 다급하게 논리를 수정했다. 과거에는 권역별 물 이동이 가능하다는 전제로 분석한 수치를 제시했으나, 2006년 보고서는 권역별 물 이동이 불가능하다는 것을 전제로 했다는 것이었다. 그래서 다시 부족분을 3억 4,000만m³에서 7억 9,700만m³로 올려 잡아 언론을 통해 홍보했다. 이런 것을 보면, 끊임없이 물이 모자란다고 주장해야 비로소 정부 부처(국토해양부/다목적댐 및

---

1) 홍수시에 갑자기 불어난 물을 댐에서 잠깐 저장해 두었다가, 하류 지역이 홍수 피해 위험에서 벗어나는 시기에 방류하는 공간을 가진 댐으로, 주로 주요 도시 상류에 건설한다.

홍수조절용 댐, 환경부/상수도 및 희석수용 댐, 농림수산부/하구언, 간척사업 및 농업용 저수지, 행정안전부/상수도 댐)가 할 일이 생기는 모양이다.

생태사회학자 홍성태 박사는 「생명의 강을 위하여」에서 "근대화의 폐해로 토건 국가가 파생되었고, 토건 국가의 폐해로 강과 물이 훼손되고 생태계가 파괴되었다"고 지적했다. 이러한 일련의 과정들을 짚어 보면 수자원장기종합계획이 댐을 만들기 위한 보고서라는 사실이 분명해진다.

하지만, 우리는 물이 부족하다고 불안해할 이유가 없다. 한강의 예를 들면 한강에 존재하는 많은 댐이 쓰지 않고 있는 불용 용량(저수량 8억 8,000만m³, 사수량 11억 2,000만m³) 총 20억m³를 비상용수로서 보유하고 있다. 불용 용량은 통상적으로는 사용하지 않는 것을 원칙으로 하지만, 최악의 극심한 가뭄 같은 비상시에는 사용이 가능하다. 따라서 비상 사태가 발생하면 이를 사용하면 된다.

82쪽의 표19를 살펴보면, 1991년부터 2006년 사이에 건설된 댐을 고려한

표21. 한강 유역권 내 댐의 유효 저수량 및 불용 용량

목적	댐명	이용 용량(유효 저수용량)		불용 용량	
		우기	건기	저수량	사수량
다목적	화천	4.45(해발156.8-175.0m)	6.58(해발156.8-181.0m)	0.0	3.55
다목적	소양강	16.59(해발150.0-190.3m)	18.57(해발150.0-193.5m)	4.33	3.94
다목적	충주	15.38(해발110.0-138.0m)	17.89(해발110.0-141.0m)	4.47	0.10
소계		36.42	43.04	8.80	7.59
단일목적	춘천	0.61	0.61	0.0	0.13
단일목적	의암	0.58	0.58	0.0	0.22
단일목적	청평	0.83	0.83	0.0	1.03
단일목적	팔당	0.18	0.18	0.0	2.31
소계		2.20	2.20	0.0	3.69
총계		38.62	45.24	8.80	11.28

2006년 현재의 공급 능력 수치를 중심으로 보면, 물 부족량이 정부가 제시한 물의 수요량 추정 변동에 따른 차이만이 있음을 알 수 있다. 곧, 1991년 보고서에서는 물 부족량이 18억m³(수요량 370억 1,500만m³−공급 가능량 351억 8,500만m³), 1996년 보고서에서는 15억m³(수요량 366억 7,300만m³−공급 가능량 351억 8,500만m³), 2001년 보고서에서는 18억m³(수요량 369억 9,800만m³−공급 가능량 351억 8,500만m³), 2006년 보고서에서는 3억 4,000만m³(수요량 354억 9,800만m³−공급 가능량 351억 8,500만m³)라고 발표하고 있다. 물 수요량이 왜 이렇게 자주 바뀌고, 부족량 또한 매번 바뀌는가?

그것은 미래의 물 수요량을 추정하고, 최악의 기상 상태를 가정하여 공급량을 추정해야 하는데, 그럴 때마다 기준이 조금씩 바뀌기 때문이다. 지금은 부족하다고 느끼지 않아도, 미래에 필요하다고 추정한 수요량 및 미래에 일어날 수 있다고 추정한 최악의 기상 상태에서는 부족이 나타날 수도 있다는 가정에 따라 미리 물을 확보해야 한다는 것이다. 물 공급 능력을 판단할 때는 수요량과 공급량을 동시에 추정해야 비교가 가능하며, 그것도 시기별로, 위치별로 구해야 한다. 여기에서 또 많은 변수를 가정해야 한다.

공급량 측면에서 보면, 첫째, 기준으로 설정하는 가뭄(기준 갈수량 설정)에 따라 달라진다. 둘째, 댐, 농업용 저수지의 신규 건설 여부에 따라 달라진다. 셋째, 지하수 이용 시설에 따라 달라진다. 넷째, 해수 담수화 공장 건설 여부에 따라 달라진다. 다섯째, 인공강우 기술에 따라 달라진다.

수요량 측면에서는, 첫째, 인구의 변동 및 인구의 집중도에 따라 달라진다. 둘째, 관개농의 증감에 따라 달라진다. 셋째, 1인당 생활용수의 단위 사용량의 증감에 따라 달라진다. 넷째, 생활수준의 향상은 물 소비량을 증가시킨다. 다섯째, 도시화율에 따라 물 소비량이 달라지기도 한다. 여섯째, 물의 재이용, 노후

관로의 개선으로 누수율 개선, 절수기 사용 증가, 수도 요금의 현실화, 하수처리장 방류 수질 기준 상향 등에 따라 달라진다. 일곱째, 수질 오염은 희석수의 수요 증가를 가져온다.

이러한 가정들이 관점에 따라 매번 바뀌기 때문에 물 수요량과 부족량이 오락가락하는 것이다. 그렇긴 하지만, 같은 기관에서 분석한 자료가 18억m³에서 3억 4,000만m³로 바뀌는 것은 수긍하기 힘들다. 더구나 이러한 수치를 가지고 정부가 엄청난 예산을 들여 댐과 보를 건설하고, 또 그 당위성을 대대적으로 홍보하는 것은 참으로 온당하지 못한 일이다.

농업용수 2퍼센트 절약, 댐 수십 개 지은 효과

물 이용 측면에서 보면, 우리나라 인구의 절반이 수도권에 몰려 있는 것은 크나큰 정책 실패로 볼 수 있다. 긴 안목을 가지고 인구를 한강의 상류(영월, 양구, 충주), 중류(여주, 가평), 하류(서울)에 고르게 분산 배치하여 국토의 균형 발전을 꾀했다면, 전국 어디에서도 물 부족으로 고통받을 이유가 없다. 앞서 말했듯이, 한 도시에서 생활용수, 공업용수로 10만m³를 사용하면 6만 5,000m³(65퍼센트)가 곧바로 하천으로 돌아오며, 농업용수 10만m³를 쓰면 3만 5,000m³(35퍼센트)가 곧바로 하천으로 돌아오게 되어 있다. 유지용수는 사용하는 것이 아니라 하천에 그대로 흘려보내는 것이므로 순손실이 없다. 문제는 지금처럼 수도권 서울 구간(신곡수중보에서 잠실수중보까지 약 35킬로미터)에 물 사용이 집중되기 때문에 날마다 750만m³(76m³/sec)정도를 생활용수, 공업용수로 쓰는 한편, 10ppm에서 20ppm으로 오염된 물을 2ppm에서 3ppm 사이로 깨끗하게 만드는 데 필요한 희석수 950만m³(110m³/sec)가 필요한 것이다. 이것도 모자라, 정부는 설정 목표 수질인 2급수를 유지하기 위해서는 4,300만m³(497m³/sec)가 필요하다고 역설하고 있으니, 본디 목적보다 부수적인 일에 더 많은 물을 써 버리는 격이다.

우리나라에서 쓰는 물 약 355억m³ 가운데 생활용수가 23퍼센트, 공업용수가 8퍼센트, 농업용수가 47퍼센트이고, 나머지 22퍼센트가 하천 유지용수다. 국제 기준으로 말하는 우리나라 댐 총수는 1만 8,000개이고, 그 중 99퍼센트가 농업용 댐이다. 우리나라 '댐법法'에서 말하는 15미터 이상의 규모인 '대大댐' 1,214개 중 92퍼센트인 1,114개가 농업용 댐이다. 생활용수는, 노후관 교체와

표22. 우리나라 연도별 댐 건설 현황 (단위: 개소)

건설 시기		1945년 이전	1946-1959	1960-1969	1970-1979	1980-1989	1990년 이후	계
한국농촌공사		1,461	625	533	330	187	198	3,334
한국수자원공사		0	0	4	5	6	13	28
한국수력원자력		4	1	2	3	1	5	16
시군 지자체		8,093	1,416	3,079	1,209	356	175	14,328
총계	개소	9,558	2,042	3,618	1,547	550	391	18,097
	비율	52.8%	11.3%	20.0%	805%	3.0%	2.1%	100%

표23. 기관별, 목적별 대댐 관리 현황

구분	계	다목적댐	생공용수 댐	발전용 댐	관개용수 댐	홍수조절 댐
전국(개소)	1,214	15	63	21	1,114	1
한국농촌공사	796	-	17	-	779	-
한국수자원공사	30	15	14	-	-	1
한국수력원자력	20	-	-	20	-	-
시군 지자체	367	-	32	-	335	-
기타	1	-	-	1	-	-

자료: 한국의 댐, 한국수자원공사, 2000. 7.

점진적인 물값 인상에 따라, 1인당 하루 물 사용량이 1996년 409리터에서 2007년에는 340리터까지 줄어들었다. 반면, 농업용수는 무료이니, 누가 농수를 아껴 쓰겠는가? 식량자급률을 높이기 위해서 농사를 장려해야겠지만, 물 관리 측면에서 보자면, 물값을 받아 농민이 물을 아껴 쓰도록 유도해야 한다. 농업용수 2퍼센트만 아껴도, 2011년에 30년 빈도 가뭄이 발생할 경우에 빚어질 물 부족량 3억 4,000만m³를 거뜬히 해소할 수 있다. 다시 말해, 농업용수를 2퍼센트만 절약하면 그 수많은 댐을 건설하지 않아도 된다는 말이다.

물 부족으로 인한 고통과 대책

20세기에 일어난 많은 전쟁이 석유 때문이었다면, 21세기의 전쟁은 물 때문에 일어날 것이라고 전문가들은 말한다. 그만큼 세계 곳곳에서 물 사정이 다급해지고 있다. 오랫동안 비가 오지 않고, 그나마 남아 있던 하천수나 저수지 물, 토양 수분이 말라 버린다면 가장 먼저 피해를 입는 것이 농작물이다. 그 다음으로 제한 급수로 인한 생활용수 부족으로 고통받게 되고, 그 다음으로 공업용수가 부족해져 공장을 가동할 수 없게 된다. 물 부족으로 인한 국내 지역 간의 갈등과 세계 곳곳에서 일어나는 국제분쟁 사례에 대해 살펴보자.

국내의 물 부족으로 인한 고통

가뭄에 가장 큰 피해를 받는 곳이 농촌이다. 우리나라 농사는 대부분 관개시설이 없는 천수답이다. 설사 관개시설이 있더라도 10년 빈도 가뭄에 대비한 시설에 불과하기 때문에 다른 용도(광역 상수도의 경우 30년 빈도 가뭄에 대비, 지방

표24. 우리나라 역대 주요 가뭄

자료: 재해연보

연도	가뭄 시기	가뭄 지역	가뭄 면적(천ha)	가뭄 상황
1967	5~7월	전남,경남,경북	403	■70년만의 가뭄, 5~7월 강우량 307.4mm -전남도민의 1/3이상인 140만 명 식수난/가뭄 피해액 6,226억 원
1968	1~6월	전남	470	■1~6월까지 강우량 평년의 1/2 수준, 5~7월 강우량 122.2mm -가뭄 피해액 7,009억 원
1977	6~8월	충무 및 영호남	65 (벼 63, 밭 2)	■월평균 강우량의 50% 수준 -전남(신안) 8월 59mm/경북(포항 등 7개 시군) 7월 50mm
1978	1~5월	전국(경기, 강원 제외)	43 (벼 24, 밭 19)	■월평균 강우량의 45% 수준 -영남 27%, 전북 35%, 충남 38% 수준/저수율(5월) 64%
1980	5~6월	중부	6	■평균 강우량 대비 100~140mm 부족 ㅣ-모내기 시기 지연
1982	1~5월	안동,대구,목포	59 (벼 54, 밭 5)	■선곡석으로 평균 강우량 292mm 부족 ㅣ-저수율 34% 수준
1988	6~8월	중부	1	■전국 평균 425mm 부족 ㅣ-저수율 34% 수준
1994	6~7월	영호남	140 (벼 64, 밭 76)	■남부지방(6. 1~7. 20) 강우량: 평년의 27% -제주 남해안, 남부내륙, 중남부 가뭄 심함/저수율 28% 수준 * 콩 등 밭 작물 피해 심함
1997	8~9월	제주	3 (밭 작물)	■제주지역 평년대비 273mm 부족 ㅣ-평년 강우량의 22% 수준 * 감자 등 밭 작물 피해
2000	2~5월	영호남	58 (보리)	■평년 강우량 16~43% 수준 ㅣ-저수율: 82~94% 수준 -전남 지역이 심함 * 보리 피해 심함
2001	3~6월	전국	19 (벼 15, 밭작물 4)	■평년 강우량 10~68% 수준(3월 1일~6월 10일) -6월 6일 전국 17,956개 농업용저수지 저수율: 39~68% 수준(평년대비 63~85%) -6월 11일 11개 다목적댐 평균저수율: 33%(평년대비 82%) -서울, 경기, 충청, 경북부 지역 가뭄 극심 -제한급수: 6월 17일 전국 86개 시군, 93,615세대, 304,815명
2004	12월	강원	-	-강원도 원주시(17가구 46명)(12월)
2005	1~3월	강원,경북	-	-경북 상주시(30가구, 71명)(3/10~3/20) -강원도 홍천(102가구, 406명)(2/5~2/18) -강원도 원주시(53가구, 89명)(1월~2월)
2006	12월	충북,강원	-	-충북 옥천군 제한급수 74ton -강원도 홍천(142가구, 700명)(12/25~12/30)

상수도는 10년 빈도 가뭄)에 비해 가장 먼저 피해가 나타난다. 우리나라 물 부족 피해는 표24와 같다. 1961년부터 2006년까지 45년 동안 14회 발생했다.

가뭄으로 인한 사회적 피해는 생활 불편, 질병 증가, 사회 불안, 산업의 생산 중단으로 인한 손실을 가져오고 그에 따른 경제적 피해까지 뒤따른다. 또 생산

물의 공급 부족에 따른 물가 상승, 수질 오염에 따른 처리 비용 증가, 농작물 수확량 감소, 가축 피해, 발전량 감소, 물 공급을 위한 개발 비용 증가를 가져온다. 가뭄 피해를 정량적으로 계산해 내기는 어렵지만, 이렇듯 큰 사회적 혼란을 일으키게 된다.

한편, 가뭄이 심하면, 지역마다 서로 물을 확보하여 가뭄 피해를 줄이려고 하다 보니 지역 간 물 분쟁이 곳곳에서 일어나게 된다(표25 참조). 수자원 개발과 이용 그리고 이에 따른 환경 문제, 사회 문제로 또 중앙정부 부처 간에도, 정

표25. 우리나라 물 분쟁 사례

구분	분쟁 내용	분쟁 주체	쟁점
개발행위금지 완화	제천시 평창강 취수에 대한 영월군의 반대	제천시↔영월군	하천 유지 유량 감소로 하천 환경 파괴
	경남, 부산권의 황강 취수와 합천군의 반대	경남, 부산↔합천군	하천 유지 유량 감소로 하천 환경 파괴
	대구시 위천공단 조성에 대한 부산시의 반대	경북,대구↔경남,부산	낙동강 수질 오염
	경산시 물 부족분을 화북댐에서 공급받을 계획을 군위군에서 반대	경산시↔군위군	하천 유지 유량 감소로 하천건천화 우려
	전주시의 오원천 상수원 사용에 대한 임실군의 반대	임실군↔전주시	하천오염과 영농차질 우려 (협약체결: 전주시가 임실에 5년간 38억 원 지원)
	광주시 황룡강 취수 기간 연장에 대한 장성군의 반대	광주시↔장성군	식수원으로 인한 개발행위 제한으로 장성군의 지역 발전 저해
댐건설	임하·영천댐 도수로 건설과 안동시 반대	안동시↔대구, 영천시	댐 건설로 인한 기후변화와 지역 낙후
	용담댐 건설과 관련한 전북과 충남 간 물 분쟁	전북↔충남	하천 유지 유량 감소로 하천 환경 파괴
	영천댐 건설에 따른 금호강 하천 유지유량 감소에 대한 대구시 반발	포항시↔대구시	하천 유지 유량 감소로 하천 환경 파괴
수질 보전 경비 부담	한강 하류부 수질 보전 경비 부담 문제	서울, 경기↔강원, 충북	상수원 보호구역 유지관리비 부담
	주암댐 수질 관리 대책	광주시↔전남	상수원 수질 개선 특별조치법에 수혜자 부담 근거 마련
	안계댐 수질 악화	포항시↔경주시	안계댐 상류에 장애인시설 건축으로 인한 안계댐 수질 악화

부와 지자체 간에도, 정부와 환경 단체 또는 지역 주민 사이에도 심각한 갈등이 빚어지기 십상이다. 따라서 이러한 물 분쟁을 근본적으로 해소하기 위해서는 제도적인 장치 마련이 절실하다. 그리고 하천의 상류, 하류 지역의 주민 간의 상충된 이해관계를 조정하고 합의를 이끌어 내기 위한 노력 또한 필요하다.

세계 곳곳의 물 부족으로 인한 고통[1]

□ 콜로라도 강 로키 산맥에서 발원하여 애리조나 주의 그랜드캐니언Grand Cayon, 캘리포니아 주의 샌디에이고Sandiego 등을 거쳐 태평양의 캘리포니아 만灣으로 흐르는 콜로라도 강 하구에는 10년 전부터 유량이 없다. 강에 댐을 건설하고 유로를 변경하면서 생활용수, 공업용수, 농업용수 등으로 물을 다 빼쓰기 때문이다. 그 탓에 하구의 삼각주는 바닷물로 채워졌고, 옛 생태계는 거의 전멸되었다.

□ 나일Nile 강 빅토리아 호湖에서 발원한 화이트 나일White Nile과 에티오피아에서 발원한 블루 나일Blue Nile이 수단에서 합류하여 이집트의 지중해 연안으로 흐르는 이 강은 유량의 2퍼센트만이, 그것도 겨울철에만, 바다로 나간다. 한때 로마제국을 먹여 살리기도 했던 하구의 곡창지대는 농업용수 부족으로 위협받고 있을 뿐 아니라, 자연 침하를 메워 주는 토사 유입이 사라져 지반이 서서히 내려앉고 있다.

□ 아랄Aral 해 중앙아시아 남쪽에 있는 아랄 해에는, 카자흐스탄 지역의 텐샨 산맥에서 발원한 아무다리야Amu Darya 강과 파미르 고원에서 발원한 시르다리야Syr Darya 강이 유입되고 있는데, 지금 유입량은 1960년대 이전의 13퍼센트밖에 안 된다. 그동안 엄청나게 많은 유량이 농업용수로 사용됐기 때문이

---

1) 서울시립대 김동민 명예교수가 쓴 "세계의 물 사정"(첨단환경기술, 1999. 10월호)에 실린 내용을 참고했다.

다. 그리하여 아랄 해의 수면적 2분의 1, 저수량 4분의 3이 사라졌고, 염도는 세 배로 높아져 해양 생태계가 파괴되고 어류도 거의 멸종되었다.

▫갠지스 강 히말라야 산맥에서 발원하여 인도에서 여러 지류와 합친 뒤에 방글라데시의 벵골 만으로 흐르는 이 강은 건기乾期에는 바다로 나가는 물이 거의 없다. 인도에서 댐을 지어 우기에만 방류하기 때문인데, 그 때문에 방글라데시 하구 지역은 염도가 올라가고 수생 생태계가 파괴되어 어업에 큰 타격을 받고 있다.

▫황허 강(황하) 티베트 고원에서 발원하여 우리나라 서해에 이르는 황허 강은 1997년에 226일 동안 바다로 나가는 물이 없었다. 상류에 있는 숲이 황폐화되고 불모지가 늘면서 그 보수 기능이 떨어진데다가, 하루 용수 사용량이 증가한 것이 그 원인이다. 지금 추세로 보아 황허 강은 홍수 때만 물이 바다로 나갈 것이므로 서해 생태계도 점차 달라질 것이다.

▫메말라 가는 지하수 강과 하천 같은 지표수 못지않게 지하수도 심각하다. 지하수는 우수가 지하로 침투하여 보충되는데, 그 보충 속도 이상으로 뽑아 쓰면서 문제가 생기고 있다. 미국의 경우 텍사스의 고원 지대는 해마다 120억㎥씩, 그리고 캘리포니아 주 중부 유역은 16억㎥씩 고갈되고 있으며, 남서부 피닉스 지방 동쪽은 지하수위가 무려 120미터 넘게 내려갔다.

이와 비슷한 상황이 인도, 북아프리카, 이스라엘 등 세계 곳곳에서 일어나고 있다. 이들 지역의 지하수 고갈 원인은 농업을 위한 관개 때문인데, 지하수 고갈로 말미암아 이미 관개 면적이 상당히 줄었고 지금도 계속 줄고 있다. 사우디아라비아는 지하수 고갈로 1995년 이후 밀 수확량이 62퍼센트나 감소했다.

지하수 저장 능력을 영구히 잃는 것도 문제. 지하수를 과도하게 뽑아 쓰면 대수층帶水層의 비어 있는 공극이 지층 무게에 눌려 좁아지고, 그만큼 물 저장 능력을 잃는다. 캘리포니아 주 중부 유역은 이 때문에 250억m³의 저장 능력을 잃었다.

물을 둘러싼 국제분쟁

에티오피아와 이집트는 나일 강물의 사용을 둘러싸고 서로 분쟁 관계에 있다. 에티오피아는 1980년대에 혹독한 굶주림과 내전을 치른 뒤, 국내 정세가 안정되자 자국 영토에 내리는 강수량으로 농사를 짓고 생활용수와 공업용수를 확보하는 한편, 나일 강의 상류인 블루 나일에서 수력발전을 도모하는 수자원 개발계획을 마련했다. 그러나 아직 그 계획을 실행하지 못하고 있다. 그것은 나일 강 하류에 위치한 이집트로서는 만일 에티오피아가 그 수자원을 내려보내지 않으면 국가 존립 자체가 위태로워지므로 군사력을 동원해서라도 그 수자원을 유지하려 하기 때문이다.

사실 이집트는 오천 년 전부터 나일 강물에 의존해 살아왔다. 자국 영토에 비 한 방울 내리지 않다시피 해서 이집트는 블루 나일 상류에 있는 에티오피아의 강수량에 의존할 수밖에 없다. 그런 반면, 에티오피아는 자국 영토에 내리는 강수량을 잘 활용하면 370만 헥타르(남한 면적의 37퍼센트)에 이르는 경작지에 물을 댈 수 있어 국민이 굶주림에서 벗어날 수 있다.

세계 곳곳에서 물을 둘러싼 국제분쟁이 일어나고 있다. 아랄 해로 흘러드는 아무다리야 강과 시르다리야 강 유역을 둘러싼 일곱 나라의 경쟁, 갠지스 강의 상류와 하류에 있는 인도와 방글라데시 사이의 분쟁, 티그리스 강과 유프라테스 강을 둘러싼 상류의 터키와 하류의 시리아, 이라크 사이의 분쟁 등이 그것이다. 이스라엘은 이러한 국제분쟁을 1967년 이웃 아랍국들을 상대로 치른 6일 전쟁 때 미리 해결해 놓았다. 그때 빼앗은 시리아의 골란 고원과 요르단 강 서안은 각

각 요르단 강의 중요한 빗물 유입원이고 비교적 풍부한 지하수 대수층이 있다. 그러나 이들 지역을 둘러싼 이웃 시리아 및 팔레스타인과의 긴장은 지금도 계속되고 있다.

분쟁 원인은 물이 부족한 탓이지만, 개발도상국에서 발생하는 물 분쟁의 근본적인 원인은 인구 증가율이 매우 높고, 그에 따른 경제 개발과 활동으로 물 수요가 해마다 급증하기 때문이다.

곡물 1,000킬로그램을 수확하려면 물 $1,000m^3$가 필요하다. 한 사람이 연간 곡물 300킬로그램을 소비한다고 하면 연간 물 $300m^3$가 필요하다. 그것에 더해 야채, 과일과 동물 단백질을 섭취한다면 연간 $400m^3$가 필요하다. 어디 그뿐인가? 최소한의 생활용수와 사회 공공용수까지 합하면 1인당 연간 필요한 물은 $500m^3$에 이른다. 이것은 그나마 1인당 공업용수를 뺀 수치이다. 그렇다면 지구 전체를 놓고 보면 해마다 증가하는 인구 8,000만 명분에 해당하는 물 400억 m^3를 새롭게 확보해야 한다는 말이 된다.

경제개발 말고도 순전히 먹고사는 데에만 한강 유량의 네 배 정도 되는 물을 해마다 새롭게 확보해야 하는데, 문제는 물이 하늘에서만 내리는 한계 자원이라는 것이다. 바닷물을 민물로 바꾸는 기술이 있긴 하지만, 오지까지 대량으로 공급하기에는 경제성이 없고 기술적 타당성이 없는 경우가 많다.

이집트는 해마다 늘어나는 130만 명이 생활하는 데 필요한 물 6억 5,000만 m^3를 새롭게 확보하지 못해 해마다 많은 식량을 미국 등지에서 수입하고 있다. 오늘날 '식량 수입'은 곧 '물 수입'과 동의어가 되어 가고 있다. 많은 나라가 관개할 땅은 있어도, 다만 물이 없어서 완제품인 식량을 수입하고 있다.

개발도상국은 대부분 농업용수 공급이 어려운데도 수자원을 공업용수로 돌리고 있다. 왜 그럴까? 물 $1,000m^3$로 곡물 1,000킬로그램을 생산해 봤자 그 가

그림2. 주요 물 분쟁 지역

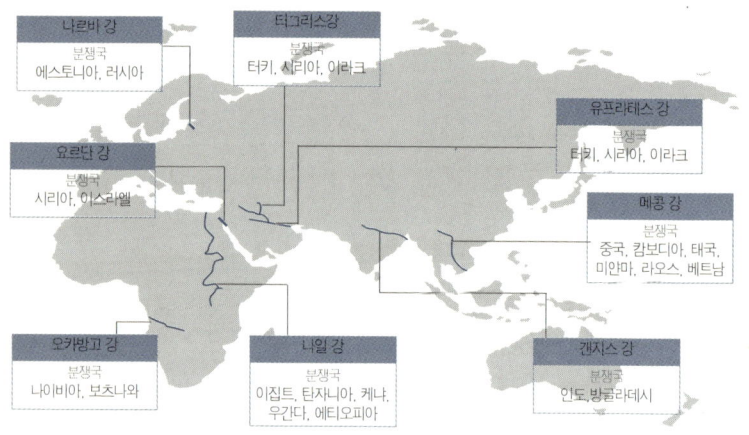

자료: 「물과 미래」, 국토부, 2004

치는 밀의 경우 200달러밖에 안 된다. 그러나 물 1,000m³를 공업용으로 사용하면 1만 4,000달러 값어치에 해당하는 제품을 생산할 수 있다. 같은 양의 물을 사용하더라도 농업용수로 쓰는 것과 공업용수로 쓰는 것에는 투자 효과가 70배나 차이가 난다. 그래서 개발도상국들은 귀한 물을 공업용에 우선적으로 쓰고, 그 대신에 식량을 수입하는 것이다. 장기적으로 볼 때 매우 위험한 게임이 아닐 수 없다.

물 부족 대책으로 어떤 것들이 있나?[1]

물 부족 대책으로 물의 수요량을 줄이는 방법과 공급을 늘리는 방법, 보유 수자원을 효율적으로 사용하는 방법이 있다.

물 수요를 줄이는 방법

첫째로, 물값을 올리는 방법이 있다. 이 경우 물 절약 교육과 홍보가 따로 필요 없을 정도로 효과가 크다. 물론 서민 가계에 부담을 줄 수 있으나, 이 경우 전기료와 마찬가지로 누진제를 적용하면 된다.

둘째로, 중수도의 의무화, 절수 기기 개발과 보급, 누수율 저감(노후관 교체) 등 물 절약형 구조 시스템이 필요하다. 정부 보고서에 의하면, 1999년부터 2003년까지 절수 기기 개발(2억 8,200만㎥), 중수도(1억 7,000만㎥), 노후관 교체(1억 3,400만㎥)를 통해 4억 3,000만㎥를 절수했다고 발표했다. 새로운 기기 개발과 시스템 도입을 통해 앞으로는 더 많은 물을 절약할 수 있다.

셋째로, 오수, 폐수를 재이용하고 빗물을 적극적으로 이용하는 방법이 있다. 오수, 폐수를 재처리하여 화장실 용수, 청소 용수, 살수 용수, 세차 용수 및 공업용수로 재활용하는 제도를 적극적으로 추진할 필요가 있다. 이 방법은 원수原水나 배출수 수량 감소에 따른 수자원 절감 효과와 더불어, 오염된 물을 자체적으로 재처리함으로써 하천 같은 수계로 방류되는 오염 물질 부하량을 감소시켜 환경에 미치는 악영향을 감소시키는 이중 효과가 있다.

한편, 빗물을 이용하는 기술을 적극적으로 개발함으로써, 도서 지역, 신규 개발 단지 등을 중심으로 보급하는 동시에 가정용 빗물 이용 기술도 개발하여 보급할 필요가 있다. 독일은 1998년 베를린 지역[2]을 재개발할 때, 아파트 옥상에 풀을 심어 빗물을 가두고, 그 빗물을 아파트 단지 중앙에 있는 연못으로 보내 자갈과 모래밭에 서식하는 갈대와 수초 밭으로 유도하는 정책을 시행했다. 일본도 1970년대 초부터 도시지역을 중심으로 수세식 화장실 등에 빗물을 본격

---

1) "대체수자원 개발에 대한 정부정책," 토지와 기술, 2007년 제1호 통권 제74호, 한국토지공사, 49쪽 참조.
2) 2001년 국토연구원에서 발간한 「물 부족 해소를 위한 수자원 관리방안 연구」 및 2007년 12월 토지와 기술 제74호에 실린 '대체수자원 개발에 대한 정부정책(2007년 제1호, pp.29-62, 한국토지공사)' 참고..

적으로 활용하고 있다.

우리나라도 뒤늦게나마 1980년대에 들어서면서부터 빗물을 새로운 수자원으로 인식하여 빗물을 용수로 활용하는 다양한 기술과 제품을 개발해 오고 있으며, 공공시설과 민간 시설에 빗물 이용 시설이 활발히 설치되고 있다. 이러한 시설을 폭넓게 도입하면 강우량이 일시에 하천으로 쓸려 나가는 것을 방지할 수도 있고, 정수 처리 비용 및 송수관 설치 비용도 절약할 수 있을 뿐더러 다용도로 활용할 수 있다. 따라서 빗물 활용 시설이 개발과 보급에 무엇보다 정부의 적극적인 재정 지원과 제도적인 뒷받침이 필요하다.

넷째로, 하수처리 방류수 기준을 더욱 엄격히 할 필요가 있다. 유지용수는 대부분 희석수로 사용된다. 만일 하수처리 방류수의 수질 등급을 낮춰 깨끗한 물을 방류한다면 그만큼 유지용수 수요량이 줄어든다.

물 공급을 늘리는 방법

첫째로, 가장 손쉬운 방법은 댐을 짓는 것이다. 그러나 댐 건설에는 여러 가지 부작용이 따르므로 신중하게 검토하고 판단해야 한다. 사전에 댐 지점을 공개하고, 지역민을 포함한 이해 당사자가 민주적인 방법으로 합의한 후, 기후변화와 국토종합계획 등의 요소를 고려하여 수자원 확보 계획을 마련하고서 신중히 추진해야 한다.

둘째로, 지하수를 개발하는 방법이 있다. 이 또한 폐공廢孔과 지하수 개발에 따른 오염관리대책을 세운 뒤에 친환경적으로 추진해야 한다. 현재 우리나라는 97만 개 공孔에서 연간 37억m^3에 이르는 지하수를 취수하고 있으며, 생활용수로 15억m^3(41.5퍼센트), 농업용수로 19억m^3(51.6퍼센트), 공업용수로 2억m^3(5.2퍼센트)를 이용하고 있다. 지하수는 수원을 통제하기가 어려운데다, 한번 오염되면 수질을 회복하기 어렵기 때문에, 지하수의 부존 현황, 개발 가능량, 이용 실태 등을 조사하여 지하수 이용 총량을 엄격하게 관리해야 한다. 지하수는 자연적인 함양 범위 내에서 개발해야만 지속 가능한 수자원이 되므로, 지표수 '보조 수단'으로만 활용하는 것이 좋다. 지하수를 무분별하게 개발할 경우, 지반 침하, 염수화, 지하 사막화 같은 재해가 일어날 수 있다.

셋째로, 인공강우 기술이 필요하다. 인공강우 기술은 1946년부터 연구 개발되어, 최근에 많은 나라에서 인공강우를 포함하여 100개가 넘는 기상조절 프로젝트를 운영하고 있으며, 미국과 중국, 호주에서는 이미 실용화 단계에 이르렀다. 우리나라는 1995년부터 기상청 기상연구소에서 인공강우 실험을 하는 정도에 머물러 있다. 기술 개발과 시설에 막대한 비용이 들지만, 장기적인 물 부족 대처 방안으로 정부가 지속적으로 지원해야 할 분야이다.

넷째로, 지하댐 및 인공함양 기술 개발이 필요하다. 국내 지하 댐(지하 저류지)은 농업용 5개소와 생활용수 공급용 2개소가 운영되고 있다. 지하 댐은 지하수위가 내려가는 특성이 있는 지역에 건설하여 지하수위 강하를 막는 동시에 용수를 안정적으로 확보하는 기능을 한다.

다섯째로, 강변여과수(간접 취수 방식) 개발이 필요하다. 독일을 위시한 라인 강 주변 국가들은 100여 년 전부터 각종 유해 물질로 오염된 하천수 대신 오염되지 않은 상수원을 확보하고, 예기치 않은 수질 오염 사고와 같은 비상시에 대비할 수 있는 강변여과수 시설을 건설하여, 지표수와 인근 지하수를 연계해 사용하는 상수도 취수 방식을 채택하고 있다. 독일은 음용수 중 40퍼센트를 강변여과수로 공급하고 있다. 우리나라도 수계별 강변여과수 개발을 위한 적지 선정과 개발 가능량 산정 등의 타당성 조사를 실시하면서, 연구 개발에 힘써야 할 것이다. 강변여과수는 수질 악화로 더는 이용할 수 없는 하천수를 사용 가능한 자원으로 재생해 사용한다는 이점뿐만 아니라 환경 보전이라는 측면에서도 큰 장점이 있다. 이러한 장점을 고려하여 우리나라도 현재 영산강 및 낙동강을 중심으로 부분적으로 시행하고 있는 강변여과수를 적극적으로 개발해야 한다.

여섯째로, 수원 지역 삼림 보호가 절실하다. 우리나라의 수자원 총량 1,240억m³ 가운데 65퍼센트인 806억m³가 산림 지역에서 공급하는 원수이며, 비산림 지역에서 공급되는 양은 35퍼센트인 434억m³에 불과하다. 그러므로 하천수는 산림 상태에 따라 그 양과 질이 좌우된다고 할 수 있으니, 수원함양림 조성 계획을 수립하여 산림의 녹색댐 기능을 제고할 필요가 있다.

일곱째로, 해수 담수화 기술 개발이 필요하다. 해수 담수화 사업은 초기 단계에는 경제성이 낮고 기술 수준이 높지 않아 대용량 개발이 어려웠으나, 세계적으로 기술 개발이 이루어지면서 지금은 생산 단가가 점차 낮아지고 있다. 우리나라는 상수도 망이 보급되지 않아 지역적인 가뭄을 자주 겪는 도서 및 연안 지역을 중심으로 해수 담수화 시설 26개소를 운영하고 있다. 해수 담수화 시설은 막대한 재원과 사회적 비용이 드는 댐과 달리, 환경 피해를 줄일 수 있고, 단기

표26. 세계의 해수 담수화 플랜트 시설 현황

지역	플랜트 수(개소)	용량(㎥/일)	비율(%)
중동	1,831	10,842	56.77
미국	1,175	2,749	14.39
유럽	1,056	1,633	8.55
아시아	1,000	1,389	7.28
아프리카	577	1,192	6.24
기타	546	1,239	6.77
합계	5,639	17,805	100

표27. 해수 담수화 방법

종별	원리	에너지 소비 (Kwh/㎥)	장단점
증발식	해수를 가열 증발시켜 발생하는 수증기를 응축시켜서 담수를 얻는 방법	약 23	이론이 단순하여 실적이 많고, 쉽게 적용 가능하나 많은 에너지가 필요하다.
전기투석식	양이온 교환 막과 음이온 교환 막을 번갈아 배열한 전기 투석조에 해수를 넣고 직류전류를 통하여 담수를 얻는 방법	약 18	내압 용기 및 내압 배관이 필요 없고, 온도 변화의 대응이 용이하나, 에너지 소비량이 많다.
역삼투막식	반투막을 사이에 두고 한쪽에 소금물, 다른 쪽에 순수한 물을 넣으면, 소금의 농도에 상당하는 삼투압 때문에 순수한 물이 소금물 쪽으로 삼투해 가는 원리를 이용하는 방법	약 7	에너지 소비량이 적고, 조작이 용이해 최근 가장 많이 사용하나, 삼투막의 내구성에 문제가 있다.
이온교환 수지식	해수를 양·음이온 교환 수지가 충전된 칼럼에 통과시키면 수중의 이온이 수지에 교환·흡착되어 염분을 제거하는 방법	–	–

간에 건설할 수 있으며, 지역 여건에 맞게 규모를 조절할 수 있다는 장점이 있다. 바닷물은 가장 유력한 미래 수자원이다. 앞으로 도서 및 연안 지역의 식수난 해소 사업으로 해수 담수화를 우선 추진하고, 장기적으로 기술 개발에 투자하여 우리나라 현실에 맞는 시설을 갖추어야 한다.

중동 지역은 하천수가 없다시피 하기 때문에 해수 담수화 시설을 어디보다도 많이 갖추고 있다. 표26은 세계 해수 담수화 시설 현황으로, 중동이 다른 곳보다 규모도 크고 용량도 큰 편이다. 두산중공업이 지난 2005년 말 8억 5,000만 달러에 수주한 쇼아이바 3단계 프로젝트는 사우디아라비아 제다시 남쪽 11킬로미터 지점에 건설 중이다. 이 프로젝트는 1일 담수 생산 용량이 88만㎥로 300만 명이 동시에 사용할 수 있는 세계 최대 규모다.

기존에 확보한 물 사용의 효율화

첫째로, 물은 국가 소유다. 내 땅에 떨어진 물이라고 내 것이 아니다. 따라서 기존 댐은 전기 생산 위주로 운영해서는 안 된다. 물 부족을 해소시키는 것을 중심으로 댐을 운영해야 한다.

1991년 수자원장기종합계획에서 "한강 유역은 물이 풍부하므로 일정량 보장 방류(prime flow)식 댐 운영으로, 낙동강 유역은 물이 부족하므로 부족량 방류(deficit supply)식 댐 운영으로 물 부족 여부를 판단했다. 그 결과 한강 유역은 10억 5,000만m³의 물이 부족하고, 낙동강 유역은 1억 7,000만m³의 물이 부족하며, 국가 전체로는 18억m³의 물이 부족하다"고 발표했다. 그리고 이 결론을 토대로 영월댐, 횡성댐 등이 필요하다고 했다. 국가의 공식적인 보고서에서 '댐 물이 풍부하기 때문에 하류에 물이 남더라도 댐 물을 방류하는 운영 방식을 취하였으며, 그 결과로 10억 5,000만m³가 모자라서 추가로 댐이 필요하다'는, 앞뒤가 맞지 않는 논리로 물 부족량을 계산했다. 정말 물이 부족하면 당연히 부족량 방류식을 취해야 한다.

댐 관리자의, 전기 생산에 의한 수익을 보장하기 위해 일정량 보장 방류식을 취할 것이 아니라, 수요처의 물 수요량과 자연 유량을 비교하여 부족량만 댐에서 방류하는 방식(deficit supply)을 취해야 한다. 예를 들어, 한강 하류 수도권 팔당에서 1,800만m³가 필요한데, 자연 하천 유량이 1,200만m³가 흐른다면, 댐이 넘치지 않는 한 유효 저수용량이 다 채워지기 전(만수에 이르기 전)까지는 3개 다목적댐(소양강, 충주, 화천)에서 600만m³만 공급하고, 나머지는 앞으로 닥칠 수 있는 극심한 가뭄에 대비하여 댐에 저장해 두어야 한다. 그러나 댐 관리자의 수익을 보장해 주기 위해 이 방법을 따르지 않고 있다. 한강 수도권 팔당 댐에서 물이 넘치고 동시에 3개 댐이 만수위에 이르지 않았는데도 늘 일정량을 방류하고 있다.

둘째로, 기존 댐을 재개발할 필요가 있다. 기존 댐의 공급 능력을 확대하기 위하여 기존 댐의 재개발 타당성을 합리적으로 검토한 후 신규 수자원을 확보해야 한다. 또 농업용 저수지를 인근 물 부족 지역의 생활용수로 활용하거나 생활용수 및 공업용수 댐으로 전환하는 방안을 검토해야 한다. 예를 들면, 경지 면적의 변동에 대한 농업용수의 절대 필요량 감소분만큼 물을 공급하는 방안이 그것이다.

셋째로, 농업용 수리 시설 정비 및 이용을 다변화해야 한다. 노후화된 농업용 수리 시설물의 개선으로 농업용수 수요량을 줄일 필요가 있다. 우리나라 저수지 가운데 55퍼센트가 50년 이상, 양수장은 31퍼센트가 20년 이상 된 노후 시설이어서 누수량이 많다. 또 한국농촌공사 관리 구역 내 용수로도 전체 6만 킬로미터 중 68퍼센트인 4만 킬로미터가 흙 수로로 되어 있어 누수량이 꽤 상당하다. 따라서 노후한 관로를 정비함으로써 용수를 절감할 수 있다.

넷째로, 수리권 체계화를 통해 수자원을 효율적으로 배분해야 한다.

과거에는 경제 발전과 인구 증가, 도시화 등으로 인한 용수 수요 증가에 대해 중앙정부 주도로 지속적인 수자원 개발과 물 공급을 행해 왔다. 그런데 그동안은 물 수요와 공급이 큰 괴리를 보이지 않아 수리권과 수자원의 분배를 둘러싼 문제는 크게 대두하지 않았으나, 최근 물 부족 문제가 나타나면서 점차 수리권 분쟁과 수량배분을 둘러싼 분쟁이 잦아지고 있다.

앞으로 물 문제는 수자원의 개발과 이용, 수질 관리 문제에 더하여 공평하고 합리적인 분배의 문제가 주요 이슈가 될 전망이다. 따라서 수자원 배분의 문제에 정책적 관심을 집중시켜, 수자원을 공평하고 합리적으로 분배하기 위한 정책 대안을 시급히 마련해야 한다. 또 수자원의 효율적 분배를 위한 수리권 개념을 정립함에 있어, 외국의 수리권에 대한 일반적인 유형은 연안권, 선점권, 허가수리권, 할당 등으로 구분되나, 각 수리권의 개념은 각 나라의 구체적인 조건에 따라 서로 다르게 이해 적용되어 왔다. 하지만 물 수요가 증가하고 물 사용 용도가 다양화되면서 수리권 개념을 명확히 하고 이를 체계화할 필요성이 제기되고 있다. 국내의 기존 수자원 사용 전통과 현행 수리권 체계, 향후 수자원 조건의 변화를 고려한 합리적인 수리권 개념의 정립이 시급한 까닭이다.

한편, 기존 수리권의 재설정과 합리적 할당을 위한 기본 원칙은 유역 특성에 맞는 합리적인 수자원 할당 시스템의 구축이 요구된다. 또 홍수기와 갈수기 등 다양한 상황에 적용할 수 있는 유연한 할당 시스템 마련, 환경 보전을 위한 하천유지유량과 최소한의 생활용수 수요를 가장 우선하여 설정하는 등, 수자원 할당의 원칙과 우선순위 방법을 마련하되 반드시 유역 내의 할당을 우선시해야 한다. 그런 뒤에 유역 간 할당을 고려하여 상류, 하류 간의 합리적인 물 할당 방안을 마련해야 한다.

부패와 왜곡으로 얼룩진 4대강 사업

4대강 살리기는 무엇을 위한 사업인가?

이명박 정부가 강행하고 있는, 이른바 '4대강 살리기'는 정작 '강 살리기'와는 거리가 먼 사업이다. 이름과는 달리, 4대강 살리기 사업은 대운하를 전제하고, 레저 개발을 목적으로 한 '4대강종합개발사업'의 다른 이름일 뿐이다. 정부 주장대로 이 사업 목적이 4대강을 살리는 것이라면, 깨끗한 상류 하천의 준설과 보 건설은 어떻게 설명할 수 있는가?

지금 정부는 강 상류에 대규모 토목 공사를 벌이며 살아 있는 강마저 죽이고 있다. 그것은 '4대강 살리기 사업'의 실상이 '4대강 개조 사업'인 까닭이다.

그렇다면 '4대강 개조 사업'이 물 부족을 해결하기 위한 사업인가? 지난 2006년 국토해양부는 수자원장기종합계획을 통해 2011년에 이르면 한강권 6,300만m³(0.5퍼센트), 낙동강권 1억 2,400만m³(1.3퍼센트), 금강권 7,400만m³(1.1퍼센트), 영산강 5억 3,600만m³(9.2퍼센트)의 물이 모자랄 것으로 분석했다. 만일 물 확보가 4대강 사업의 목적이라면, 국토해양부가 스스로 물 부족 현상이 가장 두드러진다고 진단한 영산강에 우선적으로 예산을 투입해야 한다. 그런데 실상은 이와 반대다. 물 부족이 미미한 것으로 분석 결과가 나온 낙동강 본류에 전체 예산 중 53퍼센트(22조 원 중 11조 8,000억 원)를 투입하는 반면, 영산강에는 15.1퍼센트(22조 원 중 3조 3,000억 원)를 투입하고 있으니 말이다. 사실 영산강도 본류보다는 섬 지역이 더 절실한데 본류에 예산을 투입하고 있다.

다른 무엇보다도, 유량 조절 능력과 용수공급 능력이 없는 보를 건설하는 것은 이 사업이 수자원 확보와는 무관하다는 증거다. 4대강 사업이 물 부족 해소가 주목적이 아니라는 사실은 보 건설로 알 수 있다. 보의 목적은 수위를 상승시키는 데 있기 때문이다. 보의 기능과 건설 목적에 대해서는 천천히 살펴보도록 하자.

그렇다면 4대강 사업이 홍수 피해를 막기 위한 사업일까? 최근 호우 피해가 가장 컸던 기간(1999~2003)의 피해액을 조사해 보면, 4대강이 소속된 국가하천 전체의 피해는 3.6퍼센트에 불과하다. 그밖에 지방1급하천이 1.7퍼센트이고, 지방2급하천이 55퍼센트, 소하천이 39.7퍼센트이다. 홍수 피해를 입은 곳은 대부분 지방2급하천과 소하천이다. 이들 하천은 하천 정비율(홍수 대비 하천 제방의 정비 비율)이 낮아서 피해가 컸다.

정부 자료를 보면 국가하천 정비율이 96.2퍼센트, 지방1급하천이 92퍼센트이지만, 실제로는 지방2급하천은 76퍼센트, 소하천은 38퍼센트[1](강원도는 7.6퍼센트)에 불과하다. 국토해양부에서 관리하는 국가하천은 대부분 정비가 잘 되어 있으나, 지자체에서 관리하는 지방2급하천과 소하천은 정비할 곳이 많다는 뜻이다.

홍수 피해 방지가 목적이라면, 4대강이 속해 있는 국가하천이 아니라, 홍수 피해가 가장 심하고, 개수율이 가장 낮은 소하천이나 지방2급하천부터 우선하여 강바닥을 파내거나, 제방 둑을 알맞게 높이는 보강 공사를 하는 것이 옳다.

소하천과 지방2급하천은 대부분 산간 계곡에 있고, 이 산간 계곡이 가장 많은 곳이 바로 강원도다. 그래서 매년 홍수 피해 1위에서 10위까지 강원도 시군이 차지하고 있는 것이다. 진정으로 홍수 피해를 막으려면, 지방2급하천 및 소하천부터 정비해야 하고, 하천 정비(개수)율이 가장 낮은 강원도 산간 지역부터 관심을 기울여야 한다. 그런데도 지금 정부는 홍수 예방을 명분으로 4대강 본류 강바닥을 파내고, 제방을 보강하고, 보를 세우고 있다. 정작 수해 피해가 잦은 곳은 아랑곳하지 않고, 수해도 적고 대책도 이미 마련되어 있는 4대강 본류를 우선해서 보강하는 이유가 무엇일까?

정부는 2009년 6월의 마스터플랜에서 한국은행의 취업 유발 계수를 적용해 19조 4,000억 원(22조 원 중 순공사비)의 사업비가 투입되는 4대강 사업에서 직간접으로 만들어지는 일자리를 34만 개(17.3개/10억 원×19조 4,000억 원)로 추산했다. 그러나 4대강 현장에는 중장비 기사와 외국인 노동자들뿐이다.[2] 2006년 취업 유발 계수를 기준으로 보면, 토건 사업은 10억 원을 투자할 때, 17.3명의 고용 효과를 보는 것으로 나타났다. 반면, 농어업은 50.2명, 도소매업은 29.6명, 사회서비스업은 25명, 교육사업은 20.2명으로 나타났다. 토건 사업이 다른 업종에 견주어 고용 효과가 현저히 낮은 것이다.[3] 더구나 4대강 사업비 22조 원은 결코 하늘에서 뚝 떨어진 공돈이 아니다. 4대강 사업을 하지 않았더라면 다른 국가사업에 쓰일 국가예산이다. 그렇다면 일자리 창출 효과 차이만큼 늘어나야 할 텐데, 정부는 앞뒤가 맞지 않는 계산으로 국민들에게 혼란을 주

---

1) "소하천 정비사업 발전 방향," 지민수(소방방재청과장)(2008. 9. 물 종합기술연찬회에서 발표).
2) 2006년 한국은행 산업연관표의 산업별 취업유발계수 참조.
3) 민주당 최영희 의원이 "2010년 8월말까지 4대강 사업에 참여하고 있는 498개 사업장의 고용보험 가입자는 1,222개에 불과하다"고 밝혔고(2010.12.3 내일신문), "4대강 현장에는 중국 사람들이 1/3정도이고, 한국 사람은 거의 60, 70대 노인네들뿐, 40대는 거의 없는 실정"이라는 기사(2010.12.10 mbc 고현승 기자)도 있었다.

고 있다. 예를 들어, 제조업(2006년 기준 9.6개/10억 원)에 투입하기로 책정된 예산을 일자리 창출이 더 많은 4대강 건설사업에 투입하기로 바꿨다면, 그 차이인 15만 개{(17.3−9.6)×19조 4,000억 원=14만 9,000개}를 창출했다고 할 수가 있다. 하지만 농어업에 투입할 돈을 건설업에 투입했다면 오히려 64만 개{(50.2−17.3)×19조 4,000억 원=63만 8,000개}가 줄어들게 된다. 굳이 효과를 밝히자면, 전 산업에 분산 투입할 돈 22조 2,000억 원을 건설 산업에 집중 투입하는 셈이므로, 2006년 전 산업 평균 취업 유발 계수가 14.3명/10억임을 감안하면, 6만 개{(17.3−14.3)×19조 4,000억 원=5만 8,000개}인 셈이다. 여기에다 4대강 사업 추진 과정에서 국공유지인 '하천 둔치'에서의 농사를 전면 금지해 농민 2만 4,000여 명이 일터를 잃었고, 골재업체 노동자 약 700명도 직장을 잃었다. 이 일자리를 빼면 4대강 사업으로 생기는 일자리는 많이 잡아야 고작 2만 개 정도로 예상된다. 제대로 일자리를 만들어 내지 못하는 4대강 사업 예산을 줄여 일자리 창출 효과가 큰 복지와 교육 분야에 투입해야 한다는 주장[1]이 옳다.

정부는 크게 치수 사업, 물 공급 능력 확보, 수질 환경 개선, 일자리 창출, 관광 개발이라는 복합적인 목적으로 '4대강 살리기 사업'을 추진한다고 주장한다. '살리기'란 이름을 붙인 것은 아마도 수질을 염두에 둔 것 같으나, 어느 측면을 보더라도 죽은 것을 살리겠다는 의지는 미미하고, 개발에 더 큰 목적이 있는 것으로 보인다. 그렇다면 정부는 솔직하게 이 사업을 '4대강종합개발사업'이라 부르는 것이 옳다. 그런데 1980년대에 시행한 한강종합개발과 같은 종합개발 사업은 선진국에서는 이미 실패한 하천 개발이라 여겨 생태 하천으로 복원하는 추세다. 우리 정부도 15년 전부터 매년 수천억 원을 들여 하천을 복원시켜

---

1) "2만 농민 내쫓은 '4대강'…일자리 고작 1만개." 한겨레신문, 2010. 5. 18.

왔다. 게다가 보를 일렬로 연이어서 건설하는 것은 정부가 주장하는 '4대강 살리기 사업' 목적인 용수공급, 치수, 수질 개선에도 위배된다. 그런 한편, 기존에 설치된 보의 양측 가운데 하나를 선정하여 콘크리트 수로를 파고, 갑문 시설을 하면 어렵지 않게 대운하로 전환할 수 있다. 다른 목적(운하나 레저 개발, 부동산 투기 활성화)이 있지 않고서는 도저히 이해할 수 없는 것이 지금의 '4대강 살리기 사업'이다.

4대강 사업의 추진 경위와 사업의 주요 내용

4대강 사업의 추진 경위

1971년 한강 상류에 있는 영월 지방의 시멘트를 수송할 목적으로 남한강 주운 사업(서울-팔당-여주-충주댐-영월)이 검토된 적이 있었지만, 타당성 없는 사업으로 판명 났다. 1980년 정부(한국수자원공사)는 미 공병단에 용역을 의뢰하여 다시 남한강 주운 사업에 대한 예비 타당성 조사를 했고, 그 결과 타당성 있다는 결론을 내렸다. 그리하여 1989년 즉시 설계에 들어갈 것을 건의했으나, 1994년 국가 재정이 어려워 시행하지 못했다. 그 뒤 1995년 세종대 부설 세종연구소가 '한강-낙동강 운하 가능성과 내륙 수운 체계의 필요성'이란 연구 보고서를 냈는데, 여기에서 경부운하 등 10개 운하의 필요성을 제기했다. 그리고 이듬해 1996년 7월 15일 국회에서 이명박 당시 국회의원(신한국당)이 본회의 대정부 질문에서 내륙 운하 건설을 제안했다. 1996년 한국수자원공사도 국토연구원에 운하 건설의 타당성 조사를 의뢰했는데, 2년 동안 연구한 끝에 1998년 국토연구원은 "운하는 경제성이 낮고 수질 오염과 생태계 파괴가 우려된다"고 결론을

낸 뒤로 운하 건설에 대한 논의는 한동안 잠잠해졌다.

2002년 지방선거 때 조해녕 대구시장 후보가 "충주호와 낙동강 상류 조령천을 20.5킬로미터의 터널로 연결해 상대적으로 수량이 풍부한 남한강 물 일부를 낙동강으로 돌리는 낙동강 프로젝트를 추진하겠다"는 공약을 내걸었고, 당선되자마자 추진하려고 했으나 실행하지는 못했다.

2005년 이명박 당시 서울시장이 한반도 대운하의 필요성을 또다시 제기하면서 사회 이슈로 떠오르게 됐으며, 2007년 이명박 대통령 후보가 '한반도 대운하'를 대선 공약으로 내세웠다. 2008년 대선 기간에는 다른 공약에 묻혀 쟁점화되지 못했으나, 대통령에 당선되자마자 구체적인 계획을 세워 추진하려 했다. 하지만 사업 목적이 애매하고 경제성도 불확실한 사업에 대한 반대 여론이 심해지자, 2009년 11월부터 '한반도 대운하'라는 이름을 포기하고 '4대강 살리기'로 이름을 바꿔 하천 개조 사업을 진행하고 있다.

4대강 사업의 주요 내용

국토해양부의 '4대강 살리기 사업 마스터플랜'에 따르면 사업비는 총 22조 2,000억 원이다. 사업비 내역을 살펴보면, 하상 준설(5억 7,000만m^3) 5조 2,000억 원, 댐 건설(송리원 2억m^3, 보현댐 2,000만m^3, 안동-임하댐 연결 3,000만m^3)과 농업용 저수지(96개소) 4조 6,000억 원, 수질 대책 3조 4,000억 원, 생태 하천 조성(929킬로미터) 3조 1,000억 원, 제방 보강(620킬로미터) 1조 6,000억 원, 보 설치(16개소) 1조 5,000억 원, 기타 본류 수질 2급수(2012년까지) 등 2조 2,000억 원이다. 강별 예산을 보면 한강 유역이 16.2퍼센트, 낙동강 유역이 53퍼센트, 금강 유역이 15.7퍼센트, 영산강과 섬진강 유역이 15.1퍼센트로서 낙동강 유역에 전체 사업비 절반이 넘게 소요된다.

표28. 4대강 살리기 사업의 주요 내용 (2009. 6. 8.)

구분	본 사업						직접 연계 사업						총 사업비	비중
	사업비 (억 원)					수량	사업비 (억 원)					수량		
	계	한강	낙동강	금강	영산강		계	한강	낙동강	금강	영산강			
하도준설	51,599	3,798	41,897	3,720	2,184	5.7억m³	265	-	231	-	34	4.5백만m³	51,864	23.36%
보 설치	15,091	2,779	8,454	2,023	1,835	16개소	110	-	-	110	-	1개소	15,201	6.84%
생태하천	21,786	4,138	9,084	5,772	2,792	537km	9,358	1.568	3,507	2,199	2,083	392km	31,144	14.01%
재방보강	9,309	2,423	3,477	2,371	1,038	377km	7,172	2,053	3,781	872	466	243km	16,481	7.41%
댐, 낙동하굿둑	17,241	-	14,456	-	2,785	6개소							17,241	7.76%
농업용, 영산하굿둑	27,704	1,875	6,667	6,767	12,395	87개소	1,471	-	-	-	1,471	9개소	29,175	13.14%
수질 대책	5,000	819	2,336	1,362	483	1식	33,837	11,760	12,081	1,004	2,992	1식	38,837	17.47%
기타	21,768	4,603	11,504	2,712	2,949	-	607	126	252	-	229		22,375	10.06%
합계	169,498	20,435	97,875	24,727	26,461		52,819	15,507	19,852	10,185	7,275		22,317	100%

정부가 주장하는 사업 목적과 기대 효과

정부는 홍수 방어 측면에서, 국가하천 가까이에 대도시가 있어 수해가 발생하면 지방하천보다 더 큰 피해를 입고, 본류를 정비하지 않은 상태에서 지류를 먼저 정비하면 본류에 부담을 줄 수 있다고 주장한다. 그러면서 퇴적토 5억 7,000만m³를 준설하고 보 16개, 홍수조절지 2개, 강변저류지 4개, 댐 3개를 건설하면 수자원 3억 5,000만m³를 확보하는 등, 총 홍수조절 용량 9억 2,000만 m³로 증대할 수 있어 홍수 피해를 줄일 수 있다고 주장한다. 또 하굿둑 배수문 증설로 신속한 홍수 배제와 수위 저감 효과를 얻고, 노후 제방을 보강(620킬로미터)함으로써, 치수 안전도를 높일 수 있다고 주장한다. 부족한 수자원을 확보하는 측면에서는, 전국 물 부족량을 2011년에 7억 9,700만m³, 2016년에 9억 7,500만m³로 예상하고 보 16개 건설과 하도河道 준설, 신규 댐 2개 건설, 농업용 저수지 증고를 통해 13억㎥를 확보할 수 있다고 주장하고 있다.

수질 개선 측면에서는, 2012년까지 3조 9,000억 원을 들여 4대강 본류 수질을 2급수(BOD 3ppm 이하)로 개선하고 습지 조성과 둔치 농경지를 정리한다는 계획을 가지고 있다. 16개의 보와 5억 7,000만㎥ 규모의 하도준설, 신규 댐, 농업용 저수지 증고 등을 통해 마련된 용수 중 일부를 하천유지용수로 확보(낙동강의 경우 5억㎥)하여 4대강 유역 66개 구간의 2급수 비중을 1차적으로 83퍼센트로 끌어올리고, 2012년까지 86퍼센트로 높인다는 계획이다.

일자리 창출 측면에서는, 한국은행 '20006년 산업연관표' 기준(건설업 취업 유발 계수 17.3명/10억 원, 생산 유발 계수 2.04)으로 일자리 약 34만 개를 만들 수 있고, 생산 유발 효과가 40조 원에 이른다고 주장한다.

많은 의혹

정부 측 주장을 요약하면 보 건설과 하도 준설, 댐과 저수지 증고를 통해 치수, 수자원 확보, 수질 개선, 일자리를 창출할 수 있다는 것이다. 노후 제방 보강과 하굿둑은 치수 대책이며, 하수처리장 건설과 생태 하천은 수질 개선에 해당된다.

여기에서 생태 하천과 수질 대책은 운하를 하든지 하천 정비를 하든지 오염 물질을 하천에 덜 배출한다는 측면에서, 또 하천에 유입된 오염된 물을 정화한다는 측면에서 반드시 시행해야 할 사업이므로 이견이 없다. 그러나 송리원댐을 위시한 댐 사업은 홍수조절이 목적이 아닌 듯하다. 그것은 4대강 본류가 물이 부족하다고 인정받아야 비로소 필요한 사업이다. 하지만 '낙동강 본류'는 물이 부족하지 않다. 낙동강권 지역의 산촌에서나 물이 부족하며, 그나마도 30년 가뭄이 발생하더라도 2011년을 기준으로 권역별로 1,100만㎥가 남아돌고, 최악의 경우(지역별)에도 불과 1억 2,400만m³, 1.3퍼센트의 물이 부족할 뿐이다. 그러니 물 부족을 이유로 댐을 짓겠다는 것은 사리에 맞지 않다. 농업용 저수지 증고는 그 목적이 더 애매하다. 본류 물 부족 해소에 별 효과가 없는데, 무슨 목적으로 4대강 사업에 포함했는지 이해할 수 없는 대목이다.

최근 호우로 말미암아 피해가 가장 컸던 기간(1999∼2003)의 피해액의 대부분이 소하천과 지방하천에서 발생했는데, 100년 빈도 홍수에 대비해 97퍼센트로 개수를 완료하고 피해도 고작해야 3.6퍼센트인 국가하천의 제방을 굳이 보강할 필요가 있겠는가 싶다. 물론 중앙정부 예산을 중앙정부가 관리하는 국가하천에 투입하여 더욱 안전하게 보강하겠다는 데 반대할 이유는 없다. 다만 지금까지 한 번도 손을 대지 못한 지방 및 소하천 주변에 살고 있는 사회적 약자들이 안타까울 따름이다. 그래도 제방 보강 사업은 그런대로 봐줄 만하다.

하지만 1조 5,000억 원 예산이 투입되는 보 공사와 5조 2,000억 원 예산을 쓰는 하상 준설은 어떤 명분으로도 설명되지 않는다.

홍수 예방 측면에서 볼 때, 하상 준설은 하천 단면을 키워 수위를 낮출 수 있으나, 보는 하천 단면을 줄여 하상 준설로 인한 수위 저하 효과를 없앤다. 한마디로, 보 공사와 하상 준설을 동시에 하는 것은 전혀 앞뒤가 맞지 않는 일이다. 수질 개선 측면에서 볼 때, 보는 강물 체류 시간을 늘려 산소 공급을 막아 수질을 악화시키고, 하상 준설 또한 유속을 늦추어 산소 공급을 막을 뿐더러, 강바닥을 긁어 냄으로써 강의 필터 역할을 하던 모래자갈이 사라져 수질을 나쁘게 만든다. 수자원 확보 측면에서도 보는 무용지물이다. 보는 유입량에 비해 유효 저류 공간이 무시해도 좋을 만큼 미미하기 때문에 공급 능력 증대 효과도 전혀 없다. 차라리 두 사업비를 합한 예산 6조 7,000억 원으로 3억m³짜리 대형댐 6개를 만드는 것이 수질 개선과 홍수조절에 도움이 될 것이다.

보와 하상 준설은 지금까지 정부가 주장해 온 치수나 수자원 확보, 환경 개선과는 동떨어진 사업인 것이다. 운하 전 단계가 아니고는 달리 생각할 길 없는 사업이다.

제방, 낙차공, 댐, 보, 저수지, 조절지는 어떻게 다른가?

콘크리트 구조물에 수문이 있고 높이도 비슷한 두 개의 댐이 있다. 정부는 춘천에 있는 23미터짜리 구조물은 '댐'(의암댐)이라 부르고, 연천군 군남면에 있는 26미터짜리 구조물은 '조절지'(군남조절지)라고 부른다. 4대강 사업에서 시설하는 14미터짜리 댐은 '보'라고 부르고, 50미터짜리 농업용 댐은 '저수지'라 부른다. 도대체 뭐가 뭔지 알 수가 없다. 사실 흙이나 자갈, 돌, 콘크리트 등 재료를 사용하는 측면에서는 제방, 낙차공, 댐, 보가 크게 다르지 않으며, 하천을 가로질러 건설하는 구조물이라는 측면에서는 낙차공, 댐, 보가 같고, 물을 담는다는 측면에서는 댐과 저수지와 보가 같다. 다만 기능만 조금씩 다를 뿐이다.

제방은 하천을 가로지르지 않고 하천과 거의 평행하게 둑을 쌓아 하천 물이 넘치지 못하게 방어하는 구조물로서, 수해로부터 농토와 가옥을 보호하기 위해 설치한다.

낙차공은 하천 경사가 급할 때 하류 강바닥을 높여 경사를 줄이는 구조물로서, 급한 하천 유속을 줄여 하천 구조물(제방, 호안, 교량, 하천바닥의 과대한 세굴 및 유실)의 붕괴 방지를 목적으로 하는 구조물이다. 또한 지류와 본류의 하상 차이가 클 때, 지류 하천의 역행(두부) 침식을 방지하기 위해 설치하기도 한다.

보는 수위를 높이기 위해 설치하는 구조물로서, 지하수위를 높이고 해수의 역류를 방지한다. 확보한 수면을 이용해 용수를 취수하거나 선박 운항, 레저 활동을 할 수도 있다. 보는 유입량에 비해 저류량이 적거나 무시할 만큼 미미해서 유량 조절(홍수기에 저류했다가 갈수기에 꺼내 쓰는 기능)이 불가능하다.

목적에 따라 다르지만, 댐은 홍수조절 기능과 용수공급 기능 등 유량 조절 기능을 가진 구조물이다. 용수공급 기능은 우기 전(6월 중순)에 댐을 비웠다가 우기(7월~9월 중순)에 채워서 갈수기(10월~다음 해 6월)에 조금씩 꺼내 쓰는 능력을 말하며, 이러한 기능이 있을 때만 용수공급용 댐이라고 한다.

저수지는 댐 건설로 만들어진 못(호수)을 말하고, 조절지는 댐 건설로 형성된 못(호수)에서 수문 따위로 물(유량)을 조절하는 기능(역할)을 말한다.

지금 정부는 일정한 용어 정의도 마련하지 못하고 '저수지貯水池, 조절지調節池, 댐dam, 보'라는 용어를 사용하고 있어 전문가들도 헷갈리게 한다. 댐과 보는 저수지나 조절지처럼 물을 담거나 수위를 높이기 위해 하천을 가로질러 설치하는 구조물의 본체를 말한다. 곧, 보나 댐을 만들면 당연히 못(저수지)이 생기게 마련이다. 이 물을 내려보내기도 하고 막을 수 있게 되어 있는 못이면 조절 기능(제어 장치)이 있으므로 그 구조물 자체를 댐(보)이라고 하고, 구조물로 형성된 상태를 저수지라 하고, 저수지의 기능을 조절지라고 한다.

정부는 사용 목적이나 규모(높이)를 기준으로 용어 정의부터 먼저 해야 할 것이다. 사용 목적에 따라서는 모두 댐이라고 부르되, 기능별로는 다목적댐[1], 농업용 댐, 발전용 댐, 홍수조절용 댐, 수위 유지용 댐, 하상 유지용 댐이라 부르든지, 높이(또는 저수용량)에 따라서는 15미터 이상을 '큰 댐(대댐)', 15미터에

---

1) 댐은 홍수조절, 용수공급(생활, 공업, 농업, 희석용수), 발전, 주운 및 관광, 군사적 목적(水攻) 등 여러 가지 이용 목적이 있으며, 이 가운데 하나의 목적을 가지고 계획, 운영되는 댐을 단일목적댐이라 하고, 둘 이상의 목적을 위해 계획, 운영되는 댐을 다목적댐이라 한다.

서 5미터 사이를 '작은 댐', 5미터 이하를 '보'로 부르든지, 용어를 명확하게 통일해서 사용해야 한다.

댐과 보와 낙차공은 하천을 가로질러 쌓은 구조물이라는 측면에서는 같지만, 이용 목적이 전혀 다르므로 명확히 구분해야 한다.

그러나 조절지나 저수지는 댐에 의해서 형성되는 못과 못의 기능을 말하므로 별도로 구분할 필요가 없을 듯하다. 따라서 유량 조절 기능이 있는 구조물이라면 높이가 낮더라도 '댐'이라 부르고, 유량 조절 기능이 없다면 높이와는 상관없이 '보'라고 부르고, 강바닥 경사를 줄이기 위한 것이라면 낙차공으로 부르는 것이 옳다고 본다. 또는 모두 댐으로 부르되, 댐 앞에 기능을 붙이는 방법도 좋다. 댐도 사용 목적에 따라 다목적용, 홍수조절용, 발전용, 농업용수용, 식수용, 공업용수용 댐이 있으며, 사용 재료에 따라 흙댐, 모래·자갈·석괴(큰 돌)로 쌓은 석괴댐, 콘크리트댐 등이 있다.

외국에서는 높이 1미터에서 2미터짜리도 모두 댐이라고 부르지만, 우리나라에서는 15미터 이상을 '대댐'이라 하고, 그보다 낮은 댐을 '작은댐'이라고 한다. 우리나라는 규모 15미터 이상의 댐에 한해서만 댐법(댐 건설 및 주변지원에 관한 법률 제2조)의 적용을 받을 뿐, 따로 높은 댐, 낮은 댐, 보를 규정해 놓지는 않았다. 그래서 정부는 편리한 대로 저수지 또는 조절지, 보, 댐으로 부른다. 그 이유는 최근에 정부가 추진하려다 실패한 영월댐, 내린천댐, 밤성골댐 백지화를 계기로 부정적인 이미지를 주는 '댐'이라는 용어를 되도록 피하려는 의도가 아닌가 싶다.

임진강 본류에 건설하는 '군남댐'은 용수공급 기능과 홍수조절 기능을 동시에 갖추고 있으므로 '군남다목적댐'으로 불러야 옳지만, 공식적으로 '군남홍수조절지'라고 이름을 붙였다.

공종별로 얻어지는 효과

4대강 사업은 직렬 계단식 보를 설치하여 연달아 수면을 확보하고 있다. 이것만으로도 4대강 사업이 대운하를 전제[1]한 4대강종합개발이란 사실이 분명하다. 지난 15년 동안 우리 정부는, 선진국 선례를 따라, 한강종합개발사업 형태의 하천을 뜯어내고, 매년 수천억 원을 투입하여 '자연형 하천 복원' 사업을 해 왔다. 그런데, 4대강 사업은 이 개념과는 정반대인 사업이다.

정부는 4대강 사업을 강행하며 여러 차례 사업명을 바꾸어 왔다. '경부운하'에서 '한반도운하'로, 다시 '하천 정비 사업'으로, 그리고 마지막으로 '4대강 살리기'로 바꾸었다. 목적도 물류 운하와 상수원 개발에서 관광과 지역 개발로, 다시 지구온난화 문제 해결로 바꾸더니, 결국은 일자리 창출로 바꾸었다. 이처럼 4대강 사업은 반대에 부딪칠 때마다 새로운 가면을 쓰고 새로운 목적과 평계를 만들어 내며 추진되고 있는 것이다.

22조 원의 53퍼센트를 들여 죽은 낙동강 살리기를 한다면서 낙동강에서 취수하는 대구 상수원은 안동댐으로, 부산 상수원은 진주 남강댐으로 취수원을 옮기려는 저의가 무엇일까? 말로는 '살리기'라고 하면서 실제로는 죽을 것이라고 확신하는 것으로 보인다. 많은 전문가들이 여러 가지 근거를 보이면서 영산강을 뺀 4대강(한강, 낙동강, 금강, 섬진강)은 여전히 살아 있다고 주장한다. 그런데도 4대강 사업 추진 세력들은 '4대강이 죽었다'고 선언하고, '강 살리기'

---

1) 대운하의 꿈을 포기하지 않은 증언들(민주당 정책자료): "4대강정비 실체는 대운하 계획"(2008. 5. 24, 건설기술연구원 김이태 연구원), "4대강 정비사업이면 어떻고, 운하면 어떠냐"(2008. 11. 28, 이대통령 확대비서관회의), "4대강 수질 개선 사업 끝나고 운하 연결하자면 안 할 수 없다"(2008. 12. 3 박병원 경제수석, 관훈클럽 토론회), "대운하는 반대 여론이 많고 국민 의사가 그렇다고 하니까 계획을 바꿨다. 대운하는 다음 대통령이 필요하다고 하면 하고"(2009. 11. 27, 이대통령 국민과의 대화).

를 통해 물을 확보한다면서 '낙동강의 취수원'을 다른 곳으로 옮기려고 한다. 강을 살린다면서 왜 취수원을 옮기려고 하는가? 이 또한 4대강 사업이 대운하 전 단계라는 의심을 지울 수 없는 대목이다.

하상 준설

하상 준설이란 불규칙한 수로 폭과 수심을 일정하게 유지하기 위해 강바닥을 파내는 작업을 말한다. 또 저수로(물이 적게 흐를 때 형성되는 수로)를 고정화시켜 늘 물이 흐르는 수면 공간을 확보해 배를 운행할 수 있게 한다. 준설을 하면 물이 흐르는 단면적을 키워서 홍수 시 물이 빨리 빠져나가는 효과를 얻을 수 있다. 그러면 수위가 낮아져서 제방을 더 높이 쌓지 않아도 되며, 기존의 높은 제방은 안전도가 더욱 높아질 것이다. 하지만, 강바닥 파내기와 보를 동시에 건설하면 이런 효과를 얻을 수 없다. 보가 물 흐름을 막기 때문이다.

경관 때문에 수면을 확보한다는 것도 어불성설이다. 그림3에서 위의 두 사진은 자연 상태의 아름다운 강 풍경이고, 아래 두 사진은 인공적인 강이다. 우리 정부는 지난 15년 동안 매년 수천억 원을 투입하여 한강종합개발사업 형태

그림3. 보존해야 할 자연 하천과 실패한 하천 종합개발의 예

위는 4대강 사업으로 파괴되기 전 낙동강 제일 비경으로 꼽히던 경천대(좌)와 하회마을(우) 풍경, 아래는 한강종합개발에 의한 한강(좌) 및 4대강 사업의 일환인 칠곡보 조감도(우).

그림4. 골재 채취로 인한 낙동강 하상 변동 상황 (자료: 감사원, 2007)

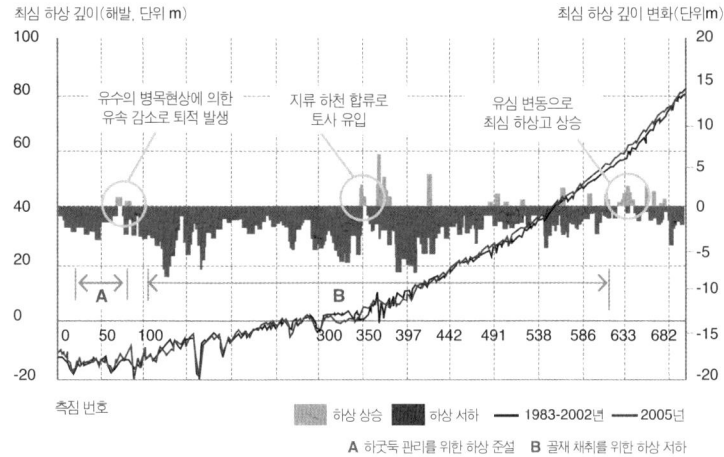

의 인공적인 하천을 뜯어내며 '생태하천 복원 운동'이나 '자연스러운 강으로의 환원'을 추진해 왔다.

하상 준설은 경관을 살리는 목적과는 전혀 무관하다. 죽은 수질을 살리기 위해 하상 준설을 한다면, 대도시 바로 아래 하류나 하굿둑 바로 위의 오니가 많이 쌓인 부분만을 대상으로 해야 하는데, 정부는 오니가 없는 상류까지 파내고 있다. 곧, 정부는 지금 강 살리기와는 무관한 '삽질'을 하고 있는 것이다.

4대강 사업을 추진하는 측에서는 강바닥에 모래가 쌓여서 홍수가 난다고 주장했다. 그러나, 감사원에서는 2007년 하천 관리 및 하천 정비 사업 추진 실태를 조사한 결과, 낙동강 하굿둑에서 안동댐까지의 332킬로미터 구간 대부분이 골재 채취와 준설로 10여 년 동안 2억m³의 골재량을 퍼내서 최대 9.4미터로 하상이 낮아져서 본류의 홍수 방어 능력이 더 커졌다는 보고서를 발표했다. 앞의 133쪽에 있는 그림4에서 보는 바와 같이, 전 구간이 준설되어 하상이 낮아지고, 극히 일부 지점인 지천의 합류점과 하천 폭이 극히 넓은 곳만 모래가 쌓인 것을 알 수 있다. 금강도 평균 하상고가 2.3미터 더 낮아졌고, 영산강도 1.3미터 더 낮아진 것으로 나타났다. 따라서 홍수 방지를 위해 하상에 쌓인 모래를 준설해야 한다는 명분도 설득력이 없다.

댐(농업용 저수지)

농업용 저수지는 용도와 규모만 다를 뿐 사용 형태는 댐과 같다. 따라서 굳이 '댐'과 '농업용 저수지'를 따로 구분할 필요가 없다. 오염된 하천을 살리기 위해 하수처리장을 건설하는 것은 장기적인 수질 개선책인 반면, 희석수 공급은 단기간에 수질을 개선할 수 있다. 예를 들어, BOD(biochemical oxygen demand: 생화학적 산소 요구량) 10ppm의 오염된 물 100만㎥를 BOD 1ppm의 맑은 물 100만㎥로 희석하면 곧바로 5.5ppm의 물로 오염도가 개선된다. 우리나라는 지금까지 한강 유역 등에서 점오염량 및 비점오염량을 차단하기 위해 천문학적인 돈을 투입해 왔지만, 그 효과는 미미했다. 그래서 정부는 응급 처방인, 댐의 희석수 확보에 급급해하고 있다.

4대강 사업도 희석수 확보를 위해 낙동강 유역의 영주 송리원댐(2억㎥), 영천 보현댐(2,000만㎥)과 안동댐-임하댐(3,000만㎥)을 연결하여 2억 5,000만㎥의 물을, 또 농업용 저수지 31개를 증고하여 1억㎥(개소당 322만㎥)의 물을 확보하려고 추진 중이다. 다른 3개 유역에는 농업용 저수지 65개를 증고하여 수자원 1억 4,000만㎥(개소당 215만㎥)를 확보하는 사업을 추진하고 있다. 하지만, 이런 방법은 담수 용량이 큰 대형 댐의 경우는 다소 효과가 있을지 모르지만, 소규모 농업용 저수지는 효과가 없다.

댐 건설 효과는 댐 건설 지점 바로 밑 하류에서의 효과와, 수요처가 먼 지점에서의 효과가 전혀 다르다. 산간 계곡의 작은 유역 면적(10km²)에 200만m³의 저수지를 수백 개를 만들어 희석수를 쓰면 댐 바로 밑의 하류는 유량을 조절하는 만큼 수질의 희석 효과가 있을 수 있다. 하지만, 소형 저수지 둑을 높여서 4대강 본류 수질을 개선할 수 있다는 주장은 억지다. 유역 면적 2만 5,000km²인 한강 하류 서울시 구간의 수질을 개선하기 위해 유역 면적이 10km²(0.04퍼센트)인 강원도 춘천에 조그마한 저수지를 증고한다는 것은 말도 안 되는 억지다.

한강 하류의 수도권에서는 유지용수를 포함해 하루 1,800만m³ 정도가 필요한데, 원래 목적인 농업 용수를 무시하고 저수량 100퍼센트를 희석수로 수도권에 내려보낸다고 해도 저수지에서는 하루 1만 3,000m³[1])만 공급할 수 있을 뿐이다. 또 내려오는 동안 땅속으로 침투하거나 증발되는 양을 고려하면, 하루 9,800m³뿐으로 필요량의 0.05퍼센트에 불과하다. 한마디로 '한강에 생수 붓기'인 격이다.

이와 같이 댐은 유역 면적 비율만큼 영향을 미친다. 이는 홍수조절 효과도 마찬가지다. 더구나 원래 목적인 농업용수댐의 역할을 제외하면 이런 댐이 1,000개가 있어도 그 효과는 전혀 기대할 수 없다.

대형 댐들도 마찬가지다. 팔당댐 지점은 댐 지점이나 수요처나 거의 같으므로 별도로 구분할 필요가 없이 연간 유입량이 167억m³ 정도인데, 유효 저수용량은 1,800만m³다. 따라서 유입량 대비 홍수조절 용량이 없다시피 하기 때문에 홍수조절 효과가 거의 없다. 또한 유입량 대비 유효 저수용량(0.18/167=0.001)도 무시해도 될 만큼 적기 때문에 용수공급 증가 효과도 없다. 다시 말해, 유입량에 비해 유효 저류 공간이 작기 때문에, 우기에 넘치는 물을 저류했다가 갈수기에

---
1) 연 강우량 1.2m×면적 10,000,000m²×유출계수 0.5/356일×사용율 0.8＝13,000m³/일

꺼내 쓰는 기능을 할 수 없다. 이것은 곧 흘러오는 물을 전부 내보내야 하기에 수위 유지 기능은 있을는지 몰라도 용수공급 증가 효과는 없다는 얘기다.

소양강댐은, 댐 지점에서 연간 유입량은 17억 5,000만m³ 정도인데 홍수조절 용량은 7억 7,000만m³고, 유효 저수용량은 19억m³이므로 연간 모든 유입량을 담을 수 있을 정도로 용수공급 능력(하루 400만m³, 1,000퍼센트)[1]도 크고, 홍수조절 효과(48퍼센트)[2]도 크다. 그러나 소양강댐 물이 주 수요처인 수도권에 이르면 홍수조절 효과는 약 5퍼센트[3]에 불과하며, 하루 약 1,800만m³가 필요한 수도권에서의 용수공급 능력도 22퍼센트(400/1,800)에 불과하다. 더구나 하천을 통과하면서 증발되거나 누수되는 양이 공급량의 15퍼센트에서 25퍼센트에 이르므로 결국은 16퍼센트의 용수공급 능력만을 가지게 된다.

2004년 국토해양부에서 발행한 '낙동강치수종합대책'에 따르면 안동댐 지점에서 16퍼센트, 임하댐 지점에서 39퍼센트의 홍수조절 효과가 있지만, 대구(금호강 합류점)에 이르면 두 댐을 합쳐도 홍수조절 효과가 없다고 한다. 용수공급 측면에서도 안동댐 지점에서의 공급 능력은 200만m³로 843퍼센트의 효과가 있지만, 부산과 경남에 사용하는 하루 1,500만m³(생활용수 265, 공업용수 103, 농업용수 450, 유지용수 600)에 비하면 그 효과는 겨우 13퍼센트에 불과하다. 결국 유입량에 따른 유효 저수용량에 의해 홍수조절이나 용수공급 효과가 좌우되기 때문에 댐 부근에 수요처가 있다면 그 효과는 크지만, 댐 부근과 거리가 멀다면 그 효과는 아주 적다.

4대강 사업에서는 낙동강의 영주댐(2억m³), 보현댐(2,000만m³) 건설과 안

---

1) 4백만m³ 공급량 대 40만m³ 갈수량의 백분율.
2) 홍수 절감량 5,000m³/sec 대 홍수량 10,500m³/sec의 백분율.
3) 2,703/25,000×47 = 5%

동-임하댐 연결(3,000만m³)로 2억 5,000만m³(하루 68만m³)의 공급량 증가 효과가 있을 것으로 예측했다. 이 양은 부산, 경남 지방 전체 물 수요량의 4.5퍼센트 정도 증가 효과가 있다. 하지만, 하천을 통과하면서 증발과 침투로 소모되는 양을 고려하면 실제 증가 효과는 3.6퍼센트에 불과하다.

농업용 저수지는 개소 당 250만m³가 증가하므로 해당 지역 부근의 농업용수 확보용으로는 효과적일지 모르나, 본류의 오염된 물에 대한 희석수로는 효과가 거의 없다. 곧, 4대강의 수질 개선을 위해 저수지를 증고한다는 것은 말도 안 되는 억지다. 전문가들도 96개소의 저수지를 증고하여 2억 4,200만m³의 물을 확보하는 데에 2조 3,000억 원을 투입한다는 것은 경제성 측면에서 터무니없다고 주장한다. 저수지가 대부분 유효 저수량이 적어 저수 효과가 미미하고, 지형적으로 증고가 불가능한 곳도 많기 때문이다.

표29에서 볼 수 있듯이, '수자원장기종합계획(2006)'에 따르면, 낙동강은 2011년에 물이 1,100만m³가 남고, 2020년에 최악의 가뭄이 들어도 1억 2,800만m³, 곧, 1.3퍼센트(1.28/97=0.013)의 물이 부족할 뿐인데, 10억m³나 되는 물을 확보하겠다는 것은 상식에 어긋난다. 오히려 영산강 유역은 2020년이면

표29. 30년 가뭄 시 물 부족 및 4대강 살리기 물 확보량 (단위: 억m³)

구분	2006년 수자원장기종합계획							4대강 마스터플랜					
	2011년			2020년			합계	보(준설 포함)		댐		농업용 저수지	
	물 필요량	물 부족량		물 필요량	물 부족량			개수	확보량	개수	확보량	개수	확보량
		지역별	권역별		지역별	권역별							
한강	126	0.63	0.42	126	1.68	1.47	0.5	3	0.4			12	0.1
낙동강	97	1.24	+0.11	97	1.28	0.05	10.0	8	6.5	2	2.5	31	1.0
금강	69	0.74	0.61	69	0.54	0.54	1.0	3	0.4			31	0.6
영산,섬진강	55	5.36	2.37	55	5.57	2.33	1.0	2	0.3			22	0.7
계(전국)	352	7.97	3.40	356	9.25	4.39	12.5	16	7.6	2	2.5	96	2.4

5억 5,700만m³ 곧 10.1퍼센트(5.57/55=0.101)가 부족할 정도로 심각한 물 부족이 예상되는데도, 4대강 사업으로 겨우 물 1억m³를 확보한다고 한다.

이것만 보아도 4대강 사업이 물 확보를 위한 것이라고 주장하기에는 앞뒤가 맞지 않음이 자명하다. 오염이 심하고 물 부족이 가장 심한 영산강의 용수공급 능력 확보는 거의 없는 반면, 물이 별로 부족하지 않은 낙동강에서만 집중적으로 저수용량을 확보하겠다는 것은 도저히 이해할 수 없다. 이처럼 정부 스스로 작성한 '수자원장기종합계획'을 부정하면서까지 4대강 사업을 추진하는 진짜 이유는 무엇일까?

제방 보강

제방을 보강하는 것은 홍수 방어 능력을 키우기 위해서다. 그런데 홍수를 방어할 목적이라면 표30과 같이 국가하천보다는 피해율이 높은 지방2급하천이나 소하천에 집중적으로 투자해야 옳다.

한편, 4대강 본류를 포함해 국가하천 정비 사업 개수율이 표31과 같이 이미 96.2퍼센트에 이르러, 치수를 위한 하천 개수 공사[1]가 거의 마무리되고 있다. 따라서 홍수 피해를 줄이기 위해 치수 목적으로 4대강 사업을 한다는 것은 타당성이나 명분이 도저히 성립되지 않는다.

표30. 하천등급별 피해액률(%)

자료: 한국방재협회, 유역 단위 홍수 대책 방안(2008)

구분		1999	2000	2001	2002	2003	평균
계		100.0	100.0	100.0	100.0	100.0	100.0
등급	국가하천	4.7	3.2	0.6	2.7	7.0	3.6
	지방1급하천	1.1	1.3	0.5	3.2	2.5	1.7
	지방2급하천	49.3	66.7	46.3	60.6	51.9	55.0
	소하천	44.9	28.8	52.6	33.5	38.6	39.7

표31. 등급별 하천 개수율(단위: km)
자료: 한국하천일람 및 물 종합연찬회 자료, 2008

구분	지정연장	요 개수	기 개수	개수율(%)
국가하천	2,981	3,114	2,997	96.2
지방1급하천	1,148	1,139	1,047	91.9
지방2급하천	25,684	32,264	24,579	76.2
소하천	35,815	-	-	38.0

지정연장/등급 지정 연장, 요 개수/하천 개수가 필요한 연장, 기 개수/하천을 이미 개수한 연장

그림5에서처럼, 지난 1987년에서 2003년 사이에 발생한 국가하천 제방 붕괴 사건의 유형을 보면, 제방 위로 물이 넘치는 월류越流로 인한 피해는 23.3퍼센트에 불과하고, 대부분은 제체堤體의 불안정이나 침식 등 제방의 공사 부실, 관리 부실에 따른 피해였다는 점도 주목할 필요가 있다. 이와 같이 부실 공사나 관리 부실로 말미암은 피해가 크다는 사실은 제방을 높이 쌓는 것만이 능사는 아님을 일깨운다. 필요한 곳에는 제방을 쌓아야겠지만, 그 보다 중요한 것은 국가하천의 제방을 철저한 관리하는 일이다.

그림5. 국가 하천 제방 붕괴 유형 분포

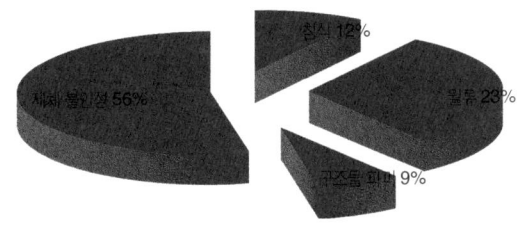

조사건수: 43건
기간: 1987-2003
건설기술연구원 자료

---

1) 계획홍수량을 방어하기 위해, 하도 굴착, 강바닥 정리, 하천 폭 넓히기, 비탈 경사면 다시 손보기 등 제방을 새롭게 보강하는 공사를 말한다. 하천 개수 공사를 완료했다는 것은 치수 대책을 위해 다른 공사가 필요 없음을 뜻한다.

그림6. 4대강 보 위치도

출처: 민주당 4대강 백서

표32. 낙동강 계단식 보[1]

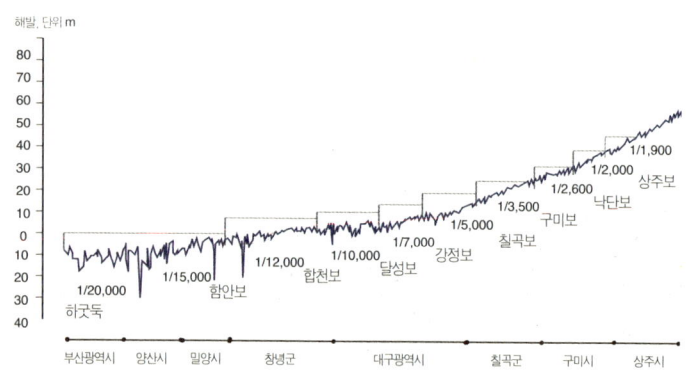

---

1) 운하를 염두에 두지 않았다면 전 구간을 호수로 만드는 식의 보를 건설할 이유가 없다.

보狀

보는 수위를 높여 물을 취수하기 쉽게 하거나, 수위를 일정하게 유지해 선박 운항이나 레저 활동을 할 수 있게 한다. 또 전기 생산을 위해 큰 낙차 확보가 필요할 때나, 강 하류에서 바닷물의 역류를 막아야 할 때에도 보를 설치한다. 어떤 경우든 보의 기능은 수위를 높이는 것이지, 결코 물을 저장하는 저수貯水가 아니다.

보는 지하수위를 증가시켜 주변 지역의 건물과 농토에 침수 피해를 입히기도 하며, 수위 증가로 말미암아 홍수 피해를 가중시킨다. 그뿐만 아니라, 보를 세워 물 흐름을 막으면 수질이 나빠진다. 이런 문제로 미국은 1912년부터 보와 댐 467개를 철거해 왔다. 우리나라 환경부의 생태하천 만들기 10개년 계획(2007년)에는, '용도 폐기된 보의 철거는 생태 통로 확보, 수위 저감, 수질 오염 방지 등의 편익이 발생한다' 고 언급하고 있다.

생태 하천 및 수질 대책

오염된 강에 희석수를 공급하면 수질을 향상시킬 수 있지만, 좀 더 근본적인 수질 개선책은 비점오염원인 비료로 인한 질소, 인, 축산 폐수 쓰레기를 줄이고, 오염 양을 차단하는 하수처리장을 건설하고 생태 하천을 조성하는 것이다. 그와 더불어, 하수 및 폐수 처리수 방류 기준을 현재 10ppm에서 5ppm으로 강화해야 한다.(표33 참조)

본류 수질을 향상시키려면 먼저 지류 수질을 개선해야 한다. 생태적으로 불량한 하천은 4대강 본류가 아니라 대부분 지방하천이나 소하천이다. 광주천이 합류하기 전의 영산강 본류는 2급수이지만, 4급수인 광주천과 만남으로서 3급수 이상으로 수질이 나빠진다. 이 사실은 지류 하천의 수질을 개선하지 않으면 본류 수질을 향상시킬 수 없음을 말해 준다. 한강은 1996년부터 2008년까지 11조 4,000억 원을 들여 수질 대책을 수립해 왔으나 수질이 그다지 나아지지 않았다.

표33. 방류수 수질 기준 개선(안)

자료: 4대강 살리기 마스터플랜

구분	수질 항목(mg/L)	현행	I 지역	II 지역	III 지역	비고
하수종말처리시설	BOD	10	5	5	10	괄호는 동절기 기준
	COD	40	20	20	40	
	TN	20(60)	20	20	20	
	TP	2(8)	0.2	0.3	0.5	
폐수종말처리시설	BOD	20(30)	10	10	20	2011-2012년 적용 기준 괄호는 농공단지
	COD	40(40)	20	20	40	
	TN	40(60)	20	20	40	
	TP	4(8)	0.2	0.3	0.5	

I 지역/상수원 관리 지역(상수원보호구역, 수변구역 등), II 지역/ I 지역을 제외한 34개 유역, III 지역/ I, II 지역을 뺀 4대강 유역

목적도 경제성도 불분명한 4대강 사업

그림7에서 보듯, 대운하와 4대강 사업은 보의 위치가 거의 같다. 설계전문가의 눈으로 도면을 보면 보를 설치한 뒤에 운하로 변경하는 데에 전혀 어려움이 없다.

처음에 정부는 물류비 절감을 위해서 한반도대운하(경부대운하)가 필요하다고 했다. 그러나 동서가 짧고 남북이 긴 한반도 지형에서 동서로 운하를 만든다면 5분의 1 거리 단축(속초-울산-해남-인천: 1,000킬로미터 ⇒ 속초-인천: 200킬로미터) 효과가 있지만, 남북으로 운하를 내면 2분의 1 거리 단축(부산-해남-인천:

650킬로미터⇒부산-서울-인천: 325킬로미터)밖에 되지 않아 물류비 절감 효과가 거의 없을 것이라는 반대 여론이 일었다. 그러자 정부는 이내 용수공급 증가와 수질 개선을 위해서라도 대운하를 해야 한다고 말을 바꾸었다. 이에 기름 연료를 사용하는 배가 다니는 수로에서 식수량 증가나 수질 환경 개선을 주장하는 것은 사리에 맞지 않다고 하자, 가스 연료로 배를 운행할 수 있다고 주장하다가 급기야는 관광 개발이 목적이라고 말을 바꾸었다. 이에 갑문, 조령터널을 통과하기 위해서 한두 시간 대기해야 하고 결국 경운기보다 느린 속도로 관광할 수 있겠냐고 반문하자, 이번에는 또 어느 사업보다 고용 창출 효과(34만 명)가 크다며 막무가내로 사업을 밀어붙이고 있다. 그러나, 앞에서도 말했듯, 지금 공사 현장에는 중장비만이 있을 뿐, 고용 창출 효과는 이렇다 할 것이 없다.

4대강 사업은 경제성 또한 불분명하다. 애초에 대운하를 제안했던 세종연구소는 B/C(비용 대비 편익 비율)가 5.2로 경제성이 매우 높다는 결과를 내놓았다.

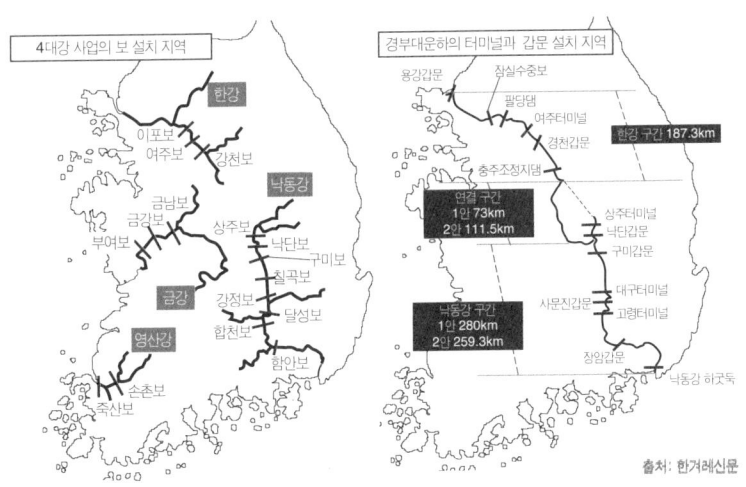

그림7. 4대강 사업의 보 설치 지역과 경부운하 비교

그 뒤 이명박 대선 캠프에서는 B/C가 2.3으로 비교적 경제성이 높다고 주장했고, 대운하를 반대하는 측에서는 0.28로 경제성이 매우 낮다고 반박했다. 똑같은 사업을 두고 추진 측에서는 100원을 투자하면 520원을 벌 수 있다고 주장하고, 반대측에서는 28원밖에 벌 수 없는 엄청난 적자 사업이라고 주장했다. 양측의 경제성 분석은 무려 1,757퍼센트나 차이를 보이고 있다. 정부는 이렇게 신뢰할 수 없는 분석을 토대로 국책 사업 추진 여부를 결정해 왔으니, 그 자체로도 국민을 우롱하고 있는 셈이다.

국토해양부가 제시한 자료 표34에 의하면, 용담댐의 애초 사업비는 약 3,100억 원이었지만 공사 완료 후에 계산된 최종 예산은 무려 다섯 배나 늘어난 1조 5,300억 원이었다. 민통선 이북 지역이 많아 보상비가 상대적으로 적은 연천의 군남홍수조절지(군남댐)의 사업비도 사업의 시행 여부를 결정한 국토개발연구원(KDI)의 2003년 6월 예비타당성 조사 시점에는 1,474억 원이었지만, 기본계획 고시에서는 2,888억 원이 되었다가, 2006년 12월 변경 고시를 할 즈음에

표34. 계획 당초의 댐 사업비와 준공시 사업비 비교

구분		남강댐	용담댐	밀양댐	횡성댐	부암댐
건설 기간		1989~2001	1990~2001	1990~2001	1990~2001	1991~1996
저수용량(억㎥)		3.09	8.15	0.74	0.87	0.41
수몰 면적(㎢)		28.2	36.2	2.2	5.8	3.0
당초 사업비 (억 원)	공사비	982	843	781	310	210
	보상비	1,332	2,170	214	479	168
	관리비	231	84	103	55	36
	계	2,545	3,097	1,099	844	413
준공 사업비 (억 원)	공사비	1,716	3,226	1,289	576	351
	보상비	6,709	11,748	636	1,201	224
	관리비	247	320	107	66	41
	계	8,672	15,294	2,032	1,843	616

한탄강댐 환경영향평가보완보고서 1권, 국토부

는 3,181억 원으로 껑충 뛰었다. 2011년 최종 마무리 시점에 가서는 사업비가 얼마나 더 들어갈지 의문이다. 한탄강댐도 2007년 2월 착공할 때에는 총사업비가 1조 900억 원이라고 했지만, 앞으로 또 얼마나 비용이 더 들어갈는지 알 수 없다. 지금의 4대강 사업도 마찬가지다.

경제성이 있다고 추진한 사업이라도 완공될 때에는 사업비가 몇 배로 들어가 경제성이 없어지는 황당한 국책 사업들이 많다. 국방, 농업, 외교, 복지, 재난, 문화 등 국가 존립을 위해 투입하는 예산을 제외한 국책사업을 수행하려면 경제성이 있을 때에만 사업을 시행하도록 '법제화'하고 '정책화'하는 방안을 검토해야 한다. 경제성이 다소 작더라도 수치로 환산할 수 없는 다른 가치 측면(국토의 균형 발전, 환경성, 아동복지 등)이 월등히 유리하다면 모르되, 원칙적으로 경제성이 없는 국책 사업은 수행해서는 안 될 것이다.

정부는 사업의 명분이 서지 않자 '한반도 대운하'란 이름을 포기하고, '4대강 살리기'로 이름을 바꿔 사업을 강행하고 있다. 대운하 사업과 4대강 사업의 설계도는 터널과 갑문만 빼면 별다른 차이가 없다. 지금 벌이고 있는 4대강 사업은 뒷날 터널과 갑문만 추가하면 바로 운하가 되는 것이다. 사실 지금 배를 운행할 수 있느냐 없느냐는 그리 중요하지 않다. 토목 사업은 돈을 들이면 불가능할 것이 거의 없기 때문이다. 다만 경제성이 있느냐, 없느냐의 차이만 있을 따름이다. 그리고 이것을 통제하는 기능이 바로 예비 타당성 조사와 타당성 분석이다. 그런데 정부는 이러한 조사와 분석을 완전히 무시했다. 이명박 정부가 입으로는 '한반도 대운하'를 포기했다고 하지만, '운하'를 진짜 포기했다고 믿는 국민은 별로 없어 보인다.

4대강 사업에 대해 국내외 사회 각계각층에서 우려하는 목소리가 높다.

2010년 3월 12일, 천주교 주교회의는 "정부 실무진의 설명을 들어봤지만, 우리 산하에 회복이 가능할 것 같지 않은 대규모 공사를, 국민적 합의 없이 법과 절차를 우회해 수많은 굴착기를 동원하여 한꺼번에 왜 이렇게 급하게 밀어붙여야 하는지 도저히 이해할 수 없다"고 했다.

2010년 3월 25일, 대한불교 조계종 환경위원회도 "환경 파괴, 생물종 사멸, 문화유산 상실 등의 대재앙을 우려하며, 4대강 살리기 사업의 전면 재검토와 중단을 촉구한다"며 "생명의 근원인 강을 국민적 합의와 적법한 절차, 충분한 사전 조사 없이 진행하는 정부 주도의 일방적인 공사는 중단돼야 할 것, 지류의 수질을 먼저 개선한 후 본류에 대한 대책을 수립할 것, 국민과 자연, 생명 모두를 살리는 정책을 수립, 집행할 것" 등 세 가지 대정부 요구 사항을 제시했다.

2010년 4월 3일, 기독교계의 목회자 1,000여 명도 '생명과 평화를 위한 2010년 한국 그리스도인 선언'을 발표하고 "4대강 살리기라는 미명 하에 진행하는 무분별한 개발 정책은 민중의 생활 터전과 생태 질서를 파괴하고, 생명에 대한 존중과 경외감을 말살하고 있으므로, 인간과 자연 사이에 가로놓인 생명의 유기체적 고리를 지켜가는 활동을 벌여 나갈 것"이라고 밝혔다.

하천 생태계 복원 분야의 전문가인 미국의 랜돌프 헤스터 교수(버클리 캘리포니아 주립대)는 4대강 사업에 대해 "선진국에서 이미 20~40년 전 폐기된 잘못된 방식"이라며 "한국의 하천은 민주적이고 생태적 복원이 실종된 것 같다. 이렇게 대규모 건설 사업으로 전락하면 몇몇 업자들에게만 혜택을 주게 될 뿐"이라고 지적했다. 이어서 "미국도 1960년대, 1970년대까지 하천 개발 때문에 환경 파괴가 컸는데, 가장 큰 이유는 무지 때문이었다"면서, "미국은 하천 복원을 위해 1990년부터 15년 동안 22조 5,540억 원을 투자했다"고 밝혔다.

또 일본 도쿄대 이시카와 교수는 "전반적으로 4대강 사업은 에코 리버(생태

강)와는 상당히 동떨어진 것"이라고 우려했다. 그러면서 "홍수 방지를 위해서는 강 상류에 숲을 만들어 물을 확보하고, 본류 대신 지천과 주변 마을을 정비하는 것이 효과적"이라고 조언했다.

정부가 진정한 강 살리기를 하려면, 지난 15년 전부터 주창해 온 '자연스러운 강'을 만들어야지, 보를 연이어 세워 모든 하천을 호수로 만들어서는 안 된다. 자연스러운 강으로의 복원은 이미 15년 전부터 우리 정부가 계속 추진해 왔으며, 2011년 현재도 매년 수천억 원을 들여 진행 중인 사업이다. 그 때문에 현 정부의 공무원들도 4대강 사업이 앞뒤가 맞지 않는 정책임을 잘 알고 있다. 그들 또한 4대강 사업이 대운하를 위한 전 단계라고 믿고 있을 것이다.

무엇이 죽었기에 살리겠다고 하는가?

강 '살리기'를 한다는 것은 곧 강이 '죽어가고 있다'는 뜻이다. 여기서 '살리기'란 크게 수질을 염두에 둔 말이다. 그렇다면 오염 농도가 얼마나 되어야 죽은 강이라고 할 수 있을까? 2급수(BOD 3ppm 이하)를, 3급수(BOD 6ppm 이하)를 죽은 하천이라 할 수 있을까? 3급수까지는 잉어, 붕어, 뱀장어, 메기, 미꾸리, 동자개가 살 수 있으니 죽은 하천이라고 할 수 없다. 3급 원수는 생활용수로 취수할 수 있으며, 공업용수나 농업용수로 쓰기도 한다.

죽은 강이라고 판정하려면 아마 4급수(BOD 8ppm 이하) 이상으로 오염된 하천이어야 할 것이다. 4급수 이상에서는 물고기가 살 수 없으니까 그렇다.

'4대강 살리기'란 이름을 붙이기 위해서는 정부는 먼저 4대강이 죽었다는 사실을 입증해야만 하고, 죽었다는 사실을 입증하기 위해서는 죽은 강에 대한 기준이 있어야 했다. 그러나 죽은 하천에 대한 정확한 수질 기준은 없다.

만일 그 기준을 정했다면, 그 기준을 벗어난, 죽지 않은 강은 손을 대지 말았어야 할 것이다. 그러나 4대강 상류는 1급수인데도 이른바 '4대강 살리기 사업'에 포함되어 있다. 멀쩡하게 살아 있는 강을 어떻게 살리겠다는 것인가?

정부는 하천마다 달리 유지해야 할 목표 수질을 저희 마음대로 정해 놓고는, 그 목표 수질에 못 미치면 죽었다고 주장하는 모양이다. 그런데 이것 자체가 말이 안 된다. 이 목표 수질을 전국에 걸쳐 똑같이 정했다면 논리적으로 옳을지도 모르겠으나, 정부는 '코에 걸면 코걸이 귀에 걸면 귀걸이' 식으로, 목표 수질을 지역마다 다르게 정하고 있다.

정부는 목표 수질을 한강 하류는 2급수(BOD 3ppm 이하)로, 영산강은 3급수 (BOD 6ppm 이하)로, 강원도 소양강은 1급수로, 강원도 정선의 한강은 1급수로 정했다. 그런데 강마다 달리 잡은 그 목표 수질 기준은 4대강의 현재 상태와 거의 비슷하다. 곧, 정부는 그 기준보다 조금 더 오염된 하천을 조금 손대어서 조금만 좋아지면 '살리기'에 성공했다고 떠벌리려는 의도를 갖고 있는 듯하다.

문제는, 강마다 다 다르게 책정한 목표 수질이다. 영산강 하류 주민도 한강 하류와 마찬가지로 똑같이 2급수의 맑은 물을 접할 권리가 있고, 지금까지 온갖 규제로 청정 1급수를 유지하고 있는 강원도의 소양강, 정선 지역 한강 상류 주민도 2급수 정도까지는 '오염시킬 권리'(수질 오염 규제 완화)가 있는 것이다.

곧, 전국에 걸쳐 똑같은 목표 수질 기준을 적용하여, 오염이 너무 심하다면 도시를 축소하거나 하수처리 단계를 더 높여 방류 수질 기준을 더 엄격하게 관리해야 하며, 그런 뒤에 지역 주민이 오염을 유발했다면 해당 주민들에게 부담을 더 지워야 한다. 반대로, 청정 수질을 유지한 농촌이나 산촌 지역은 그만큼 하류 지역의 부담을 덜어 주는 역할을 했으니 더 많은 혜택을 주어야 마땅하다. 이것이 형평에 맞는 국토 보존 정책이 아니겠는가?

4대강 사업으로 추진 중인 하상 준설은, 강바닥에 오염물(오니)이 쌓인 극히 일부 구간을 제외하고는, 하천 살리기와는 무관한 사업이다. 더구나 보를 건설하는 것은 상류에서 내려오는 오염 물질을 토사와 함께 쌓이도록 하는 일이기 때문에 오히려 강을 죽이는 행위가 된다.

준설로 본류 수위를 낮춰도 지류 홍수 피해를 줄일 수 없다

만일 4대강 본류의 홍수위 해발 10미터인 상태에서 땅을 파내거나 댐 건설, 제방 폭 확장 등으로 홍수위를 해발 8미터로 낮췄다고 하더라도, 해발 8미터에서 10미터 사이 지대의 가옥이나 농토만이 침수 위험에서 벗어날 뿐 그 이상은 혜택을 받지 못한다. 누군가는 홍수위 이상에서 잘 안 빠지던 물이 본류 수위가 2미터 낮아짐으로써 수면경사가 급해져 물이 잘 빠질 것으로 생각할지도 모르지만, 자연 현상에서 이런 경우는 모두 해발 10미터 범위 내에서 벌어진다.

어느 텔레비전 토론에서, 정부 측은 4대강 사업으로 토사 5억 7,000만m³를 파내어 수위를 1, 2미터가량 낮추면 지류 하천의 홍수 피해를 줄일 수 있다고 주장하고, 반대 측은 효과가 없다고 주장하며 격론을 벌이는 것을 보았다.

내가 관여해 소송까지 가게 된 한탄강댐 문제에서도 정부는 똑같은 주장을 펼쳤다. 정부 측은 한탄강 댐을 만들면 댐 직하류(신천 합류점)의 홍수위가 해발 32미터에서 30미터로 불과 2미터 낮아지는데, 댐 건설의 대안으로 제기된 '제방 증고안' 대로 하면 홍수위의 영향이 무려 해발 300미터나 되는 높은 산골에 까지 미치는 것처럼 분석했다. 다시 말해, 댐을 건설하면 기존 제방을 더 높이는(증고) 공사가 필요 없지만, 댐을 건설하지 않으면 홍수의 영향이 해발 300미터까지 미치기 때문에 기존에 있는 모든 제방을 더 높이 쌓아야 하고 총 536킬로미터에 이르는 제방 증고에 2조 8,000억 원의 사업비가 들어간다고 주장했다. 그때 댐 반대 측에 선 내가 이러한 분석이 틀렸다는 근거 자료를 계속 내밀자, 제방 증고 구간과 예산을 473킬로미터(1조 8,000억 원)로 바꾸고, 또 다시 367킬로미터(1조 4,000억 원)로, 272킬로미터(1조 5,000억 원)로 끊임없이 바꾸더니, 결국은 160킬로미터(3,900억 원)로 최종 확정해 제시했다.

정부 측의 논리는 한강에 댐을 하나 만들어 서울 지역의 수위를 1미터에서 2미터만 낮추면 남산 꼭대기에 필요하던 제방이 필요 없어지고, 충주, 화천 지방에 필요하던 제방이 필요 없어진다는 식의 황당한 논리였다. 재판정(서울행정법원)에 제출한 서면 변론 과정에서 나는 그 문제를 쟁점으로 삼았다. 그러자, "보는 관점에 따라 그리 해석할 수도 있어 그런 것이지 절대로 틀리지 않았다"는 것이 정부 측 변론이었다. 그렇다면, 그때 내가 반문했듯이, "보는 관점을 끝까지 밀고 나갈 것이지, 왜 536킬로미터에서 160킬로미터로 뜻을 굽혔을까?" 결국, 제방 연장으로 소송의 승산이 어렵게 되자, 정부는 설계 기준[1]에서 제방 사면 구배를 1:2에서 1:3으로 바꾸고 제방 사업비를 늘려 마침내 댐으로 선정되게 하는 편법을 쓴 것으로 보인다.

본류의 수위를 낮추어도 지류 수위가 별로 낮아지지 않는다는 사실을 입증하

---

1) 전국에 사면구배 1:2로 된 제방이 허다하다. 더구나 이나마도 손을 못 댄, 아직 제방 공사를 시작도 못한 채 방치된 제방도 소하천 60퍼센트, 지방2급하천 30퍼센트나 된다. 그런데 감사원은 사면 구배 1:2도 안전하면 괜찮다는 지적이 있었는데도, 굳이 이 기간 동안 제방의 사면 구배를 기존 1:2에서 1:3으로 바꾸었다.

그림8. 낙동강 진동 지점 위치도

기 위해 낙동강의 진동 수위 표지점을 예를 들어보자. 낙동강 진동 지점은, 그림8과 같이, 남강 합류점에서 하류로 4.7킬로미터, 함안보에서 상류 쪽으로 7.6킬로미터인 지점에 있는데 낙동강의 물 관련 계획의 모든 기준이 되는 지점이다. 이 지점은 오랫동안 수위와 유량 실측 자료들이 있어 실제로 검증할 수 있는 지점이기도 하다. 이 지점의 수위 및 유량 관련 계획은 뒤쪽에 나오는 표35와 같다. 1993년 확정한 하천정비기본계획(하천법에 의해 고시되어 현재까지 법적 효력이 있는 수치)에서는 기본홍수량[2]이 초당 19,340m³이지만 상류 남강댐, 합

---

[2] 기본홍수량이란 하천의 폭, 수위, 제방 높이를 계획할 때, 곧, 홍수 방어를 할 때 기준이 되는 홍수량으로서, 유역에 댐이나 조절지가 전혀 없는 자연 상태를 전제로 한 홍수량을 말한다. 기본홍수량에서 상류에 댐 및 조절지가 있는 경우, 이들 시설로 말미암아 절감되는 양을 빼고, 순수하게 하천에서 감당해야 할 홍수량을 계획홍수량이라 한다. 예를 들면, 강원도 춘천에 있는 소양강 하구 지점에서 200년 빈도 기본홍수량은 12,000m³/sec이지만, 소양강댐에서 6,500m³/sec를 절감시켜 주기 때문에 소양강 하구의 계획홍수량, 곧, 하천이 감당해야 할 홍수량은 5,500m³/sec가 된다. 청계천이나 중랑천은 상류에 댐이나 홍수 조절지가 없기 때문에 기본홍수량을 모두 하천이 감당해야 하므로 '기본홍수량'과 '계획홍수량'은 같다.

표35. 진동 수위표 100년 빈도 홍수량 및 홍수위

보고서	기본홍수량 (㎥/sec)	계획홍수량 (㎥/sec)	홍수량차 (㎥/sec)	준설 전 수위 (EL.m)	준설 후 수위 (EL.m)	준설 전후 차 (m)	비고
1993 하천기본계획	19,340	16,110	3,230	-	14.69	-	법정고시
2004 하천기본계획	23,800	16,500	6,300	-	14.69	-	고시 보류
2009 4대강살리기	24,100	16,500	7,500	16.19	14.42	1.77	

자료: 환경영향평가 452쪽

천댐, 안동댐, 임하댐 등 각종 댐의 영향으로 초당 3,230㎥로 줄어들어 계획홍수량은 초당 16,110㎥가 되며, 이를 기준으로 하천 폭을 결정하고, 제방을 쌓고, 보를 만들고, 교량 높이를 결정했다. 여기에서 안동댐이나 임하댐의 홍수 절감 효과는 대구까지만 영향을 미치며, 진동 지점까지는 효과가 미치지 않는다는 사실이 '유역치수종합대책'을 통해 밝혀진 바 있다. 실제로 홍수 절감 효과는 대부분 남강댐[1]의 역할이 크다. 2004년 4대강 사업의 상위 계획인 유역치수종합대책이 수립됐으나, 뒤늦게 계획된 4대강 사업과 일치하지 않자, 2009년에 다시 작성한 모양이다. 다시 분석한 결과 기본홍수량은 초당 2만 3,800㎥, 계획홍수량은 초당 1만 6,500㎥로 바뀌었으며, 이번 4대강 사업에서는 그 원인을 알 수 없으나 재분석한 결과 기본홍수량을 초당 2만 4,100㎥로 올리고, 상류에 보나 댐을 만들어 계획홍수량을 초당 1만 6,600㎥로 확정했다. 준설, 보, 댐 건설을 통한 수위 저하 효과는 1.77미터로 제시했다. 표35에서 보는 바와 같이, 기본홍수량 및 계획홍수량은 사람이 정하는 일종의 계획치로서, 기본홍수량을 올렸다가 상류에 각종 댐을 만들어 다시 내리고, 앞으로 10년 후 다시 이러한 논리로 홍수량을 올렸다가 다시 또 내리곤 한다.

---

1) 남강댐의 홍수기 홍수량은 10,400㎥/sec가 유입되지만, 낙동강 쪽으로 800㎥/sec만 흘려보내고 9,600㎥/sec중 일부는 저류되고, 일부는 사천만 방수로를 통해 바다로 빠진다.

한편, 제방 보강 측면에서 만일 하상 변동이 없다면, 곧, 준설이나 퇴적이 없었다면, 계획홍수량은 1993년 1만 6,110cms로서 이 수치에 맞게 기존의 제방을 완벽하게 쌓았으니, 이번 계획 홍수량 1만 6,600cms는 불과 490cms, 3퍼센트 늘어난 것이며, 수위로 환산해도 거의 무시해도 좋을 정도다. 이 정도 증가한 수위에 대한 안전을 보강하기 위해, 620킬로미터에 걸친 제방 사업비로서 1조 6,500억 원을 투입하고, 5억 7,000만m³ 규모의 준설비로서 5조 2,000억 원을 투입하겠다는 것인가? 아니다. 강바닥을 파낸 뒤 수위 차는 27센티미터(해발 14.69미터에서 해발 14.42미터)에 불과하다. 곧, 홍수량이 커지거나 제방이 낮아서 제방을 보강하는 아니라, 설계 기준(제방 비탈 구배 1:2에서 1:3)을 바꿨기 때문에 이번 기회에 제방을 쌓겠다는 것이다.

그러나 국가하천 제방은 통상 1.5미터에서 2미터의 여유가 있기 때문에 27센티미터가 모자란다고 해서 제방을 보강하지는 않는다. 여기에서도 얼마나 효율성 없고 터무니없는 사업인지 여실히 드러난다.

더구나 국가하천 6,000킬로미터(139쪽의 표31에 의하면 하천 연장 2,981킬로미터, 양안이므로 6,000킬로미터) 가운데 기존의 제방 비탈 구배가 1:2라서 제방이 붕괴된 예는 거의 없다. 통계로 보면, 우리나라 국가하천의 홍수 피해는 전체의 3.6퍼센트에 불과하다. 이 가운데 이번 4대강 개발에서 620킬로미터를 개수한다면, 국가하천 연장의 10퍼센트를 개수하는 셈이니 겨우 전체 피해의 0.36퍼센트가 절감되는 것에 불과하다. 그 효과는 참으로 미미해서 보잘것없다. 반면에, 지방하천의 경우는 아직 과거 기준(1:2)의 제방조차도 손을 대지 못한 미개수 하천이 많다는 사실이 이 사업의 숨은 목적이 무엇인지를 의심하기에 충분한 대목이다.

그림9. 지류 경사에 따른 수위 저하 효과 개략도(본류 및 지류 모두 100년 홍수가 발생한 경우)

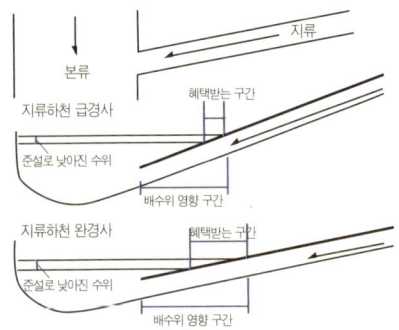

낙동강 수위를 1.77미터 정도 낮추면 본류든 지류든 이 영향권(해발 16.19미터 이하) 내에 있던 지대는 1.77미터 정도 낮아지므로 당연히 수위 저하 효과를 보지만, 이 영향권을 벗어나면 그 효과가 전혀 없다.

그림9에서 보는 바와 같이 지류 하천 입장에서 보면 구배가 급한 하천은 혜택을 받는 구간이 조금밖에 없으나, 구배가 완만한 구간은 다소 영향이 크다. 이 영향을 배수위背水位[1] 영향이라 한다. 더러 현장 경험이 없는 일부 사람들은 효과를 부풀리려고 지류 부근에서 배수위 영향으로 혜택받는 구간이 훨씬 길어진다고 주장하기도 한다. 물론 지류에 100년 빈도 홍수가 발생함과 동시에 본류도 100년 빈도 홍수가 발생할 때는 그럴 수도 있다. 그러나 이러한 경우는 거의 1만년 빈도의 확률에 해당하기 때문에 상류 지역 하천이 아니라면 현실에서 결코 일어나지 않는다.

본류와 지류가 만나는 지점(합류점)에서는 세 가지 경우가 발생할 수 있다. 첫째로 본류 홍수 100년, 지류 홍수는 100년에 훨씬 못 미침(20년 빈도 홍수로 가정하자), 둘째로 본류 20년 홍수, 지류는 100년 홍수, 셋째로 본류 100년 홍수, 지류 100년 홍수가 동시에 발생하는 경우이다. 우리나라 태풍은 남쪽에서 북쪽으로, 서쪽에서 동쪽으로 진행하는 반면, 강은 북쪽에서 남쪽으로, 동쪽에서 서쪽으로 흐른다. 따라서 홍수는 대부분 두 번째 경우인 본류 20년 홍수, 지류는 100년 홍수의 상태로 발생한다.

그러나 세 번째의, 본류 100년 홍수와 지류 100년 홍수가 동시에 일어나는 일은 방금 말했듯이 거의 없다. 그것은 본류 100년 홍수, 지류 100년 홍수는 본류나 지류 하천 규모가 비슷한 경우의 하천[2]이거나, 강 상류 유역 면적이 작은 하천이거나, 거의 1만 년 빈도의 확률로 극히 드문 경우에나 나타나거나 하기 때문이다. 일반적으로 본류의 하천 길이는 길고 지류는 짧아서, 본류에서 100년 빈도 홍수가 장시간 발생하여 지류와 만날 즈음이면, 지류는 이미 100년 빈도 홍수가 지나가 버려 20년 빈도 홍수 정도밖에 되지 않는다. 또는 그와 반대로 지류에서 100년 빈도 홍수가 발생할 때 본류는 20년 빈도의 홍수를 겪는 경우도 있다. 그래서 본류의 최고 홍수위 해발표고 16.19미터 이하가 곧 지류 영향권이다.

사람들은 본류 수위가 높아지면 지류 물이 빠지지 않아 위로 넘친다고 착각한다. 그러나 전혀 그렇지 않다는 것을 간단한 실험으로 알 수 있다. 본류 수위의 역할을 하는 큰 수조(목욕탕)에 지류 역할을 하는 U자형 수로를 마련한다. 일단 일정한 구배를 정하여 U자형 수로에 물이 넘치지 않을 만큼의 물 양을 정하면 이것이 지류의 홍수량에 해당하는데, 그것이 본류 수위와는 관계없는 것이, 본류 수위가 아주 낮을 때 흘러갈 수 있는 홍수량인 까닭이다. 다음으로, 수

---

1) 하천 하류부에 댐이나 교각과 같은 장애물이 있을 경우 이로 말미암아 하류수위의 영향이 상류로 전파되어 수위가 상승되는 현상을 말한다. 지류입장에서 보면 본류 수위도 일종의 장애물이므로 배수위 영향을 받는다.
2) 이를테면, 면적이 비슷한 남한강과 북한강의 합류점 같은 경우에 있을 수 있으나, 실제로 남한강과 북한강이 동시에 홍수가 일어나는 경우는 거의 발생하지 않는다.

로의 한쪽 끝단을 수조에 넣고 앞에서 정한 동일한 구배로, 동일한 홍수량을 흘려보내 본다. 수로가 넘치지 않으면 이 하천은 본류 수위로부터 전혀 영향을 받지 않는 것이고, 넘치면 영향이 다소 있다고 본다. 그런데 수조의 수위 이상에서는 넘치지 않는다. 다시 말해, 본류 수위 이상에서는 영향을 받지 않는다는 뜻이다. 수조의 수위를 낮춰서 똑같은 물을 흘려보내 보아도 본류 수위보다 더 높은 곳에서는 물이 넘치지 않는다. 결론적으로, 애초의 본류 수위와 같은 지대에서만 수위가 낮춰지는 만큼 효과가 있으며, 이를 벗어나면 수위 저하 효과는 없음을 알 수 있다.

본류 수위를 낮추면 본류 영향권 내에 있는 하류 일부 지역만 효과를 보게 되며, 그 또한 경사가 완만한 하천이어야 효과가 있을 뿐이다. 더구나 본류 하천을 준설하면 지천과 만나는 지점에서는 하상 차이가 커서, 지류 하천의 역행 침식 현상(강바닥과 강기슭이 끊임없이 무너져 내리는 침식이 하류에서 상류 쪽으로 거슬러 올라가며 확산되는 현상)이 심해진다. 이를 방지하기 위해서는 지천 하구에 낙차공을 설치해야 하는데, 그렇게 하면 수위를 낮추는 본류의 준설 효과는 지류 하천으로 전달될 수가 없다. 곧, 본류 수위를 낮추더라도 지류 수위가 동시에 낮아지는 효과는 거의 사라진다. 이는 한강 수위를 1, 2미터 낮춘다고 해서, 한강의 지류는 물론이거니와 수해가 가장 많은 영월, 평창, 정선, 강릉, 소양강댐 상류인 인제 등지의 홍수 피해가 경감되지 않는다는 뜻이다.

따라서 본류는 본류 나름대로, 산사태는 산사태 나름대로, 지류는 지류 나름대로 저마다 대책이 필요하고, 서로 달리 대처해야 한다. 산사태가 나거나, 펌프장이나 하수관로가 잘못돼서 피해가 발생하거나, 어떤 지류에서 홍수 피해가 잦거나 하다면, 이는 본류를 개수하거나 준설하거나 댐을 만든다고 해서 해결될 일이 아닌 것이다.

보는 용수공급 증가 효과가 없다

어느 텔레비전 대담 프로그램에 정몽준 전 한나라당 대표가 나와서 "서울시 구간의 높이 2.4미터의 신곡수중보 상류 물도 오염되지 않았으며, 심지어 100미터가량 높이 쌓은 소양강댐 물도 오염되지 않았는데, 10미터 내외의 4대강 수중보가 오염의 원인이 된다는 주장은 오직 '반대를 위한 반대'일 뿐이라고 생각한다"며 4대강 개조 사업을 합리화했다. 이게 무슨 소리인가?

신곡수중보 상류의 중랑천 하수처리장, 탄천 하수처리장, 안양천 하수처리장, 구리 하수처리장, 남양주 하수처리장, 의정부 하수처리장에서 흘려보내는 처리수(과거 방류수 수질 기준 20ppm, 현재는 10ppm) 때문에 강물이 심하게 오염되어 이를 희석하려고 하루 950만m^3를 희석수로 흘려보내고 있다. 이 희석수는 2,000만 수도권 주민이 하루에 사용하는 생활용수, 공업용수 750만m^3보다도 훨씬 많은 양이다. 사실, 정부가 설정한 2급수의 목표 수질을 유지하기 위해서는 희석수 950만m^3도 모자라 4,300만m^3가 필요한, 이 어처구니없는 사실을 여당의 전 대표는 전혀 모르고 있었나 보다.

더군다나 소양강댐과 4대강의 수중보를 어떻게 똑같이 비교할 수 있겠는가? 소양강댐 상류에는 전국에서 인구밀도가 가장 낮은 인제, 양구, 홍천 일부 면이 있어 홍수 때 생기는 흙탕물 말고는 오염원이 거의 없다. 유입되는 물 자체는 깨끗하지만, 상류를 제외하고는 4대강은 이미 오염되어 있어 전혀 다른 성격의 물이 흐른다는 사실을 그는 정말 모르는 모양이다.

4대강 사업 추진 측은 16개의 보(낙동강 8개 6억 5,000만m^3, 한강 3개 4,000만m^3, 금강 3개 4,000만m^3, 영산강 2개 3,000만m^3)로 말미암아 7억 6,000만m^3의 용

수공급 능력을 추가로 확보했다고 주장하고 있다. 이는 보의 역할을 명확히 규명하지는 않은 채, 그 효과를 부풀리기 위한 거짓 홍보다.

앞서 말했듯이, 용수공급 능력은 우기 전에 댐을 비우고서 우기 3개월 동안에 내려 넘치는 강우 일부를 채워 두었다가 갈수기 9개월 동안 꺼내 쓸 수 있는 능력을 말하며, 이러한 기능이 있을 때만 용수공급 효과가 있다고 한다. 여기에서 우기 전에 비웠다가 우기에 채울 수 있도록 허용된 공간을 유효 저수용량(Effective-storage)이라 하고, 채워짐을 좌우하는 연간 하천 유량을 연간 유입량(Runoff)이라 하는데, 우리는 이 유효 저수용량(E)/유입량(R)의 비율에 주목할 필요가 있다.

예컨대 평균 하루 유입량이 480만m³(연간 17억 5,000만m³)인 소양강댐의 경우, 내가 분석한 바에 따르면, E/R가 0퍼센트(댐이 없는 경우)이면 용수공급 능력은 자연 갈수량인 하루 40만m³이고, E/R가 20퍼센트(3억 5,000만m³)이면 용수공급 능력은 하루 120만m³, 50퍼센트(9억m³)이면 216만m³, 100퍼센트(17억 5,000만m³ 확보)이면 360만m³, 110퍼센트(19억m³ 확보)이면 400만m³를 공급할 수 있다. 곧, E/R 비율이 커지면 들어오는 물을 많이 담아 두었다가 갈수기에 꺼내 쓰는 비율이 커지므로 유량 조절 능력이 커짐에 따라 용수공급 능력이 커지고, 그 반대의 경우에는 작아진다.

이해를 돕기 위해, E/R가 작아서 용수공급 능력이 전혀 없고 수위 유지 역할밖에 못 하는, 용량이 2억 4,400만m³(홍수조절 용량 없음, 유효 저수용량 1,800만m³, 유입량 167억m³, E/R 0.1퍼센트)인 팔당댐과, E/R가 커서 하루 400만m³의 공급 능력을 갖추고 있으며 용량이 29억m³(홍수조절 용량 5억m³, 유효 저수용량 19억m³, 유입량 17억 5,000만m³, E/R 110퍼센트)에 이르는 소양강댐 비교를 통해 살펴보자.

총 저수 용량과 유효 저수 용량

저수용량(storage capacity)이란 댐에 저장되는 물의 양을 뜻한다. 댐의 특성과 기능에 따라 다르지만, 다목적댐의 경우를 예로 들면, 사수량, 불용 용량, 유효 저수용량, 홍수조절 용량, 총 저수용량 등으로 나뉜다.

사수량死水量은 이 댐의 수명이 다하는 동안(약 100년) 들어올 것으로 예상되는 퇴사량(물과 섞이어 들어오는 토사)의 총합을 미리 예비해 두는 양을 말한다. 유사량流砂量 유입은 km^2당 연간 개략 $500m^3$ 정도이므로 소양강댐(유역 면적이 $2,703km^2$)의 경우 1억 $3,500만m^3$($500m^3/km^2 \times 2,703km^2 \times 100$년=1억 $3,500만m^3$) 정도이다. 이 수위를 사수위死水位라 하며, 이 수위를 기준으로 취수구를 정한다. 한편, 전기를 만드는 댐의 경우는 낙차를 높이기 위해서, 또는 최악의 가뭄 같은 비상시에 쓰기 위해서 예비해 둘 뿐 활용하지 않는 것을 원칙으로 하는 용량을 두는데, 이를 비활용 용량이라고 한다. 비활용 용량 개념은 물 안보에서 매우 중요한데, 비활용용량과 사수량을 합하여 불용 용량(소양강댐의 경우 5억m^3)이라 하며, 이때의 수위를 저수위低水位라 한다.

물을 이용할 목적으로 확보하는 양을 유효 저수용량이라 한다. 댐 건설 목적은 사실 이 유효 저수용량을 확보하기 위한 것이라고 할 수 있다. 이 양을 이용하여 발전용수로도 이용하고, 동시에 생활용수, 공업용수로도 이용한다. 보통 발전용수는 별도로 확보하는 것이 아니라, 하류에 필요한 생활용수, 공업용수를 방류할 때 수차발전기를 통과시켜 방류함으로써 전기를 부수적으로 얻는 방식을 쓴다. 따라서 물이 남아돌지 않는 한 발전용수를 별도로 확보하여 방류하지 않는다. 이때의 수위를 '상시 만수위'라 하며, 불가피

한 경우(자연유량보다 하류 필요량이 더 많이 요구되는 경우)가 아니면, 가능한 한 가뭄에 대비한 용수공급을 목적으로 하기 때문에, 평상시에는 늘 이 수위를 유지하는 것을 원칙으로 한다. 소양강댐의 경우 19억m³ 정도이다.

홍수조절 용량은 홍수에 대비하여 미리 비워 두는 공간으로서, 홍수기에만 저장하도록 규정되어 있는 용량이다. 이때의 수위를 홍수위洪水位라 한다. 댐에서 홍수위는 통상적으로 200년 빈도 홍수가 일어날 때 올라가는 수위를 가리키며, 이 수위를 기준으로 수물 보상을 한다. 소양강댐의 경우는 7억 7,000만m³ 정도다. 홍수에 대비해서 우기에 특별히 저수위를 좀 낮추는 댐도 있는데, 이 수위를 '우기 제한 수위'라고 한다.

총 저수 용량은 홍수위까지의 저수 용량을 말하며, 불용 용량과 유효 저수 용량, 홍수조절 용량을 합친 것으로서, 소양강댐의 경우는 29억m³다.

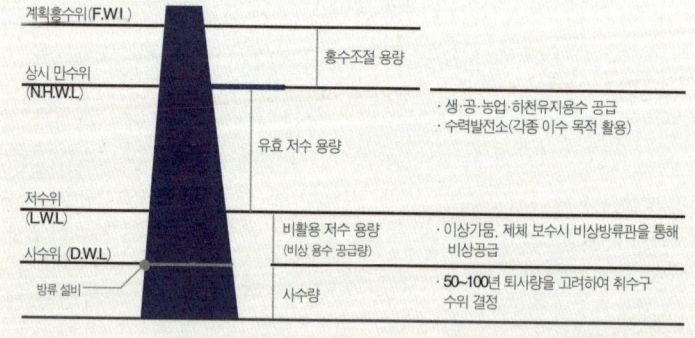

팔당댐은 홍수조절 용량이 없어 홍수조절 기능은 아예 없고, E/R비가 0.1퍼센트로 작아 유량 조절 기능 또한 미미하므로 용수공급 능력도 없다. 그런데도 팔당댐에서 날마다 약 1,800만m³ 이상 쓸 수 있는 까닭은, 소양강댐의 공급 능력 400만m³과 화천댐 200만m³(이북 임남댐이 없을 때는 400만m³였음), 충주댐 1,000만m³ 그리고 댐이 없어도 쓸 수 있는 잔여 유역[1]의 자연 갈수량 약 200만m³ 덕분이다. 팔당댐은 다만 수위를 높여 낙차를 크게 함으로써 전기를 생산하는 것을 목적으로 건설한 댐이다. 반면에, 소양강댐은 홍수조절 용량 5억m³로서 홍수조절 기능도 크지만, E/R비가 110퍼센트이므로 용수공급 증가 효과도 평균 유입량의 83퍼센트 정도로 크다.

유효 저수용량이 크고 E/R가 큰 소양강댐의 경우는 우기 전(6월 중순)에 유효 저수용량이 바닥(zero)인 상태에서 우기 3개월 동안 물을 채워 거의 만수 상태로 이르게 한 뒤 갈수기 9개월 동안 서서히 조금씩 꺼내 쓰면서 일 년을 버티고, 다음 우기에 다시 물을 채워 서서히 꺼내 쓰는 식으로 반복 운영한다. 반면에, 팔당댐의 경우는 E/R가 작아서 댐을 비울 수 있는 공간이 없으므로 들어오는 양을 모두 방류한다. 곧, 팔당댐은 홍수에 대비해서 조금 낮춰 운영하는 여름 기간(6월 20~9월 20일)을 제외하고는, 가을부터 이듬해 봄까지 일정한 수위를 유지한다. 다만 유효 저수량 1,800만m³를 둔 이유는, 상류에 유량 조절 기능이 있는 충주, 소양강, 화천댐에서 거의 같은 시간대(보통 오후 1시~5시)에 4, 5시간 첨두부하발전[2]을 하여 한꺼번에 약 1,600만m³를 내려보낸 양을 팔당댐

---

1) 팔당댐 유역면적 23,800km² 중 소양강댐 2,703km², 충주댐 6,648km², 화천댐 4,000km²을 제외한 10,499km².
2) 전기 수요(부하)는 시간대 별로 차이가 큰데, 비교적 높은 수치를 보이는, 오후부터 초저녁 사이의 시간대를 첨두부하시간이라 하고, 이때에 전기를 생산하는 것을 첨두부하발전이라 한다. 원자력이나 석탄 화력 발전소는 끄고 켜는 데 긴 시간이 소요되므로 항상 똑같은 양을 발전(상시발전, 기저발전)하여 기저 부하를 담당하지만, 수력발전은 스위치만 누르면 즉시 껐다 켤 수 있어, 기동성이 좋기 때문에 첨두부하를 담당한다.

에서 잠시 저류시켜 24시간 균등하게 사용할 수 있도록 하는 공간, 곧, 유량 변동 완화를 위한 역조정지용 댐[1] 역할 때문이지, 용수공급 능력을 키우기 위한 유량 조절 기능 때문이 아니다. 여기에서 첨두발전을 하는 이유는 전기 수요가 가장 많은 시간대에 발전하여 전기의 효용 가치를 극대화하기 위함이다.

의암댐(8,000만m^3)이나 춘천댐(1억 5,000만m^3), 가평에 있는 청평댐(1억 9,000만m^3)도 마찬가지로 용수공급 효과, 홍수조절 효과가 전혀 없이 오직 높은 수위를 유지하여 발전량을 키우기 위한 댐이다. 그 이유는 앞에서 설명한 바와 같이 유입량에 비해 용수공급용 유효 저류 용량이 없거나 무시할 정도로 작아 유량 조절 기능이 없기 때문이다. 잠실수중보나 신곡수중보도 이와 같은 맥락에서 저류 효과를 무시하고 있다.

4대강에 설치할 보洑 16개도 팔당댐이나 의암댐이나 잠실수중보와 같은 역할을 한다. 이들 보도 홍수기에 물을 저장했다가 갈수기에 꺼내 쓰는 유량 조절 기능이 없기 때문에 용수공급 기능이나 홍수조절 기능이 없는 보洑인 것이다. 따라서 이들 보는 유효 저수용량, 유효저류량 대비 유입량의 비, 용수공급 증가 효과를 제시할 수 없다. 그런 반면에, 농업용 저수지의 저류용량은 500만m^3 내외로 보에 견주어 비교할 수 없을 만큼 작지만, E/R가 크기 때문에 유입량에 비해 용수공급 능력이 크다. 그러나 농업용 저수지는 유역 면적이 적으므로 미치는 영향도 적다. 따라서 댐 직하류 수질은 개선될는지는 모르지만, 4대강 본류를 개선한다는 논리는 전혀 설득력이 없다.

---

[1] 전기는 저장이 거의 불가능하기 때문에 전기를 많이 쓰지 않은 심야에 발전하는 것보다 가장 많이 쓰는 시간인 오후 1시에서 5시 사이에 발전하는 것이 가장 효율적이다. 따라서 통상 수력발전은 이 시간대에 전기를 생산하며, 그느라고 이때 한꺼번에 흘려보낸 물을 우리는 24시간 나누어 사용해야 한다. 그러기 위해서는 유량 변동을 완화시키는 공간이 필요하다. 이 공간을 역조정지라 한다. 주암댐 역조정지, 충주댐 역조종지가 있으며 팔당댐은 충주댐, 소양강댐, 화천댐의 역조정지 역할을 한다.

4대강 사업은 왜 운하의 전 단계인가?

정부는 4대강 사업이 운하 전 단계가 아니라는 근거로, 수심이 고르지 않다, 수로 폭이 일정하지 않다, 갑문 계획이 없다, 터미널 계획이 없다, 조령터널 계획이 없다, 배를 운행하기 위해 교량을 높일 계획이 없다는 점을 든다. 그러나 운하 모습이 확연히 드러나는 터미널, 조령터널, 교량 높임 등은 뒤로 미루고, 보와 제방을 먼저 시공함으로써 국민의 눈을 속이고 있다는 의혹이 짙다.

보가 완공된 뒤에 갑문을 추가하는 것은 어렵지 않다. 보는 저수로 중앙부에 건설되어 있으므로, 둔치부나 기존 하천을 벗어난 부분(제내지)으로 우회해 갑문을 설치할 수 있다. 또 배의 선폭은 15미터쯤인데 가동보 폭은 40~45미터 이상이므로, 가동보를 개량해 갑문을 설치할 수도 있다. 애초에 대운하를 계획할 때, 보와 댐을 보강하여 주운(舟運)으로 활용하려고, 잠실수중보, 팔당댐, 충주조정지댐, 낙동강 하굿둑 보강을 통한 갑문 설치를 제시한 사실만 보아도, 기존의 보에 갑문을 설치하는 것이 어려운 일이 아님을 알 수 있다. 또 수자원공사만이 개발할 수 있는 '친수구역특별법'을 만들었으니, 이 법을 이용하여 터미널을 만들고, 동시에 수자원공사의 투자비 회수도 보전해 주면 되는 것이다.

한편, 이러한 단계별 사업을 통해 '운하의 경제성' 문제도 피할 수 있다. 이미 투입된 돈을 매몰비(사라진 돈)로 취급하면 경제성을 높일 수 있기 때문이다. 경인운하의 경우, 굴포천 수로(수로 폭 80미터)를 홍수 방지를 위해 우선 투입하여 매몰비로 처리한 뒤, 순수 운하 비용만을 따져 경제성을 검토한 결과, 경제성이 높아져(B/C=1.02~1.14) 사업을 강행할 수 있었다(경향신문, 2009. 1. 14).

한강은 폭이 일정하지 않고, 수심이 고르지 않아도 유람선을 운항하는 데 별 지장이 없다. 매년 토사 일부가 유입되어 수심과 저수로 폭이 일부 변경되기도 한다. 그 때문에 유지 관리 비용(4대강의 경우 약 5,000억 원에서 1조 원 가량 소요될 예정[1])을 책정하여 늘 점검하는 것이다.

우리나라 하천 시설 기준은, 유럽 운하 시설 기준을 따라, 3,000톤급 대형 선박의 경우에 선폭은 11.4미터이고, 흘수가 2.8미터이며, 배의 연장이 110미터라고 제시하고 있다. 따라서 흘수에 여유분 30퍼센트를 두더라도 수심 3.6미터면 충분한데, 4대강 사업은 최저 수심 4미터를 기준으로 하고 있으므로 전 구간에서 배를 충분히 운행할 수 있다. 이에 대해 한겨레신문(2010. 11. 17)은 이렇게 보도했다.

"정부가 말하는 필요 수심 6.1미터는 한반도 대운하에서 2,500톤급 선박 중 가장 큰 배를 기준으로 한 것인데, 선박의 흘수 4.7미터에 30퍼센트 여유를 준 값이다. 그러나 국제수상교통시설협회(PIANC)의 내륙 수운 기준을 보면, 이보다 낮은 수심에서도 다양한 배가 다닐 수 있다. 3,000톤급 자체동력을 가진 바지선은 수심 3.3~3.6미터 사이면 운행할 수 있다. 대운하의 모델인 독일 라인-마인-도나우(RMD)운하의 수심은 4미터다. 4대강 살리기 마스터플랜을 보면, 낙동강은 하굿둑에서 경북 구미시 칠곡보까지 최소 수심은 6미터이고, 칠곡보에서 경북 상주시 영강 합류점까지 최소 수심은 4미터이다. 최상류를 뺀 낙동강 대부분 구간에서 3,000톤급 선박 운항이 가능하다. 정부는 또한 저수로가 폭 200미터에서 300미터 사이로 일정하게 확보해야 하는데 4대강 사업에서는 자연적인 하천 형상을 유지해 구간별로 수로 폭이 다르다고 주장한다.

---

[1] "4대강 완공 후 유지관리비 연 5,762억 원"(연합뉴스 2011. 3. 29): 홍헌호 박사는 하천 구조물 유지관리비 1,618억 원, 하상 유지 준설비 612억 원, 농업용 저수지와 침수 예정지 유지관리비 70억 원, 생태 하천 유지관리비 934억 원, 하수·가축분뇨·산단폐수 처리비 1,942억 원, 자전거 도로 관리비 618억 원 등이 소요된다고 분석했으며, 수자원공사 8조 원에 대한 이자 비용을 포함하면 매년 4,000억 원이 추가된다고 했다. 한편, 하천 시설 기준에는 사업비의 0.5퍼센트, 치수 경제성 분석 연구비는 사업비의 2퍼센트를 유지관리비로 책정하게 되어 있다.

그러나 4대강 대부분 구간은 배가 다니기에 아무런 지장이 없다. 한반도대운하보고서는 2,500톤급 선박 가운데 가장 큰 폭 14.8미터의 배가 다니려면 수로 폭이 104미터여야 한다고 밝힌 바 있다. 독일 RMD운하의 수로 폭은 55미터이다. 4대강 사업이 끝나면 낙동강 저수로 폭이 가장 좁은 구간인 합천보-달성보 구간도 340미터에 이르게 된다. 다른 강들도 마찬가지로 저수로 폭이 300미터에서 500미터에 이르러 강을 직선화하지 않아도 배가 얼마든지 다닐 수 있다고 전문가들은 말한다."

표36은 4대강 사업의 시설을 운하로 전환하는 데 별 문제가 없음을 보여준다.

표36. 4대강 살리기와 한반도 대운하 전용 가능성 여부

구분		4대강 살리기	한반도 대운하	대운하로의 전용
준설	목적	가뭄 대비 물 확보, 홍수 대비 공간 확보	화물선 운행을 위한 수심 확보 가뭄·홍수 대비	-4대강 사업으로 강바닥을 파내 공간을 확보하면 배가 다닐 수 있는 수심도 확보할 수 있음. -4대강 사업으로 물을 확보하면 운하의 용수를 확보할 수 있음.
	파내는 곳	둔치와 저수로	저수로	
	저수로	선형 자연하천 형상 유지 폭이 일정하지 않음 낙동강은 200m 폭으로 준설	선형 직선화 전 구간 200~300m 폭 유지	
보, 갑문	목적	수량 확보, 수변 경관 조성 레저 관광으로 활용	운하 수심 확보를 위한 수위 유지	-낙동강 4대강사업의 보와 한반도대운하의 갑문 위치가 거의 유사함. -보는 간단한 설계 변경으로 얼마든지 갑문으로 바꿀 수 있음.
	규모	낙동강 높이 9~13m 한강 7개 낙동강 6개 금강 3개	높이 유사 한강 3개 낙동강 8개 금강 3개	
	갑문	수문이 있는 가동보	있음	
확보 수심		구간별로 확보 수심이 다름. 낙동강은 대략 6m 수심 유지	전구간 최소 6m 이상 확보 필요	-6m 수심 유지 동일
교량 개량		불필요	높이가 낮은 교량은 대체 교량 신설 필요	-준설을 하게 되면 교량 하단부가 파여 교량이 불안정해지며, 이에 교량을 새로 짓거나 보수해야 함.

자료: "4대강 하천정비와 대운하," 박창근(2008. 12, 운하백지화 국민행동 토론회 자료집)

보를 건설하는 목적이 수질 개선이라고 전제해 보자. 그렇다면 먼저 모든 조건을 본디의 상태(댐, 하수처리장이 없는 상태)로 두고 보가 없을 때와 있을 때를 비교해서, 보를 건설할 때 수질이 더 나빠지면 이 사업은 수질 개선 사업에서 제외해야 한다. 그런데 보를 건설하면 수질이 나빠지는 건 당연하다. 자연 하천에서는 물이 흐르는 동안 산소 공급이 원활해 생물학적 자정작용이 이어지고, 또 모래층을 여과하는 동안 물리적인 자정작용이 일어나 수질 개선 효과가 아주 크다. 그러나 보를 건설하고 강바닥을 준설해서 수심 6미터에서 7미터 사이의 깊은 수로를 만들면, 물이 흐르는 동안 산소 공급도 잘 안 되고, 여과 작용을 하는 모래층이 없어져 자정작용에 의한 수질 개선 효과가 없어지기 때문이다.

똑같은 조건에서 하천의 수질이 더 좋아지는 경우는 자정작용 효과밖에 없는데, 보를 세우면 자정작용 기능이 없어진다. 오염된 물은 생물학적 작용(강이나 호수에 유기물이 흘러 들어가면 물속의 호기성 미생물이 이를 분해한다), 물리적 작용(강이나 호수의 유기물이 물이 흐르는 동안 희석, 확산, 침전 등에 의해 농도가 옅어진다), 화학적 작용(강이나 호수의 유기물이 산화, 환원, 흡착, 응집 등 여러 가지 화학적 반응에 의해 줄어든다)에 의해 정화된다. 소와 여울은 물속에 산소를 많이 공급해 생물학적 자정작용으로 수질을 개선하고, 모래톱이은 여과재(필터)의 역할을 함으로써 물리적 자정작용으로 물을 정화한다.

그런데 10미터짜리 보를 만들어 하천 전 구간을 호수로 만들면 이러한 자정작용이 완전히 없어지기 때문에 수질이 좋아질 수 없다. 강원도 춘천에 있는 8,000만m^{3}짜리 의암댐은 소양강댐과 화천댐에서 매일 600만m^{3}씩 희석수로 내려보내도 오염되어 거의 매년 여름에는 부영양화를 일으킨다. 정말 4대강을 맑고 깨끗하게 유지하려면, 보는 절대로 건설해서는 안 된다. 고인 물은 썩기 마련이다.

그림10. 자연 하천 및 인공 하천 수질 개선 효과

자연 하천(좌)은 강물이 흐르는 동안 충분한 산소 공급이 이어져 생물학적 자정작용이 계속되고, 모래층을 여과하는 동안 물리적인 자정작용이 일어나 수질 개선 효과가 아주 크다. 보와 준설 공사를 한 인공 하천(우)은 보와 준설로 수심 6~7m의 깊은 수로나 다름없어, 물이 흐르는 동안 산소 공급도 잘 안 되고, 여과 작용을 하던 모래층이 없어져 수질 개선 효과가 거의 없다.

다음으로 4대강 준설에 대해서 살펴보자.

준설은 물이 흐르는 단면을 넓혀 수위를 낮추므로 홍수 예방책으로는 좋지만, 갈수기에는 주변 지역의 지하수위를 떨어뜨려 주변 농토에 가뭄을 가져오고, 지반 침하를 일으킬 수 있다. 물론 강바닥에 있는 오니를 제거하여 수질을 개선할 수 있지만, 수질 개선이 목적이라면 4대강 본류 강바닥이 아니라, 오니가 많이 쌓인 하구언이나 대도시를 낀 지역을 준설하는 것이 옳다.

홍수 예방에는 준설과 댐 건설과 제방을 쌓는 방법이 있는데, 이 가운데에서 준설이 비용이 가장 적게 든다. 보상비가 적게 들기 때문이다.

그러나 4대강 사업에서는 준설 양이 5억 7,000만m^3이나 된다. 그래서 일반적으로 가장 비용이 많이 드는 댐보다 오히려 더 많은 예산을 쏟아 붓고 있다. 기껏 이렇게 많이 파내고서는, 하류에다 보를 세워 홍수 방어 효과를 반감시키고 있으니, 운하를 위한 전 단계 사업이라고밖에 달리 설명할 길이 없다. 만일 순수한 홍수 피해 절감 효과가 목적이라면 4대강 사업의 준설비 5조 2,000억 원으로 하상 준설을 할 것이 아니라 3억m^3짜리 홍수조절용 댐 5개를 만들어 수위 저하 효과를 노리는 것이 훨씬 효과가 크다.

부패와 왜곡으로 얼룩진 4대강 사업

편법으로 관철시킨 4대강 사업

　예비 타당성 제도는 총 사업비 500억 원이 넘는 국가 사업, 나랏돈이 300억 원 이상 투입되는 사업에 대해서 신중한 착수와 재정 투자의 효율성을 높이기 위해 도입된 제도이다. 국회예산정책처의 조사에 따르면 1999년부터 2007년 사이의 대형 국책 사업 335개 중 44퍼센트를 차지하는 147개 사업이 타당성이 없어 폐기되었다. 정부 각 부처에서 매달리는 많은 사업이 예비 타당성 조사에서 걸러지고 있다. 곧, 예비 타당성 제도는 예산 감시의 마지막 보루인 셈이다.

　그런데 4대강 사업 추진 과정은 편법의 극치를 보여준다. 2008년 2월 취임한 이명박 대통령은 선거공약으로 내세운 대운하를 2008년 6월 "국민이 반대하면 추진하지 않겠다"고 선언한 뒤, 2008년 12월 '4대강 하천 정비'라는 옷으로 갈아입혀 우리에게 첫 모습을 드러냈다(표37).

　그 뒤에 예비 타당성 조사의 의무가 걸림돌이 될 것 같으니, 2009년 3월 국가 재정법 시행령을 개정해, 하도 준설, 둑 보강, 보 건설과 같은 치수 사업은 예비 타당성 조사를 받지 않아도 되게 법을 바꾸고는, 2009년 4월에 또 한 차례 모습을 바꾼 후 2009년 6월에 최종 모습을 드러냈다. 그런데 이 최종 모습에서는 예산이 그 전의 14조 원에서 22조 원으로 무려 57퍼센트 늘어났다. 그러고는 늘어난 예산에 대한 눈속임을 위해, 이자 보전과 함께 8조 원을 수자원공사에 떠넘겼다. 이제 와서 보니, 수변구역개발권이라는 특혜를 주겠다는 사전 약속을 전제로 강세로 떠맡긴 것 아닌가 하는 의심이 든다.

　결과적으로 22조 2,000억 원 가운데, 하도 준설, 둑 보강, 보 건설 등 핵심적인 공종은 치수 사업이라는 명목으로 예비 타당성 조사를 피해 가고, 댐과 생태

하천, 자전거 도로 등에 해당되는, 겨우 11퍼센트밖에 되지 않는 2조 5,000억 원의 사업비에 대해서만 예비 타당성 조사를 받았다. 그렇다면, 댐도 1퍼센트 정도 홍수조절 기능을 부여하면 재해 예방 사업이고, 생태 하천 정비도 일부는 하천 바닥을 파내니 재해 예방 사업이며, 자전거 도로도 다른 국도나 지방도가 재해를 입으면 임시도로 역할을 하므로 역시 재해 예방 사업의 기능이 있으니, 위와 같은 명목으로 예비 타당성 조사를 생략해도 될 일이 아니었겠는가?

표37. 4대강 사업 계획 변경

구분	4대강 하천 정비 (2008. 12. 15)	4대강 살리기 (2009. 4. 27)	4대강 마스터플랜(2009. 6. 8)		
			본 사업	직접 연계사업	합계
하도 정비	2.2억㎥	5.4억㎥	5.7억㎥	-	5.7억㎥
강변 저류지	21개소	3개소	4개소	-	4개소
배수갑문 증설	2개소	2개소	2개소	-	2개소
제방 보강	876.6km	573km	377km	243km	620km
농업용 저수지	56개소	96개소	87개소	9개소	96개소
댐, 홍수조절지	5개소	5개소	5개소	-	5개소
하천 환경 정비	513km	695km	537km	392km	929km
자전거 도로	1,376km	1,411km	1,206km	522km	1,728km
자연형 보	5개소	16개소	16개소	-	16개소
수질 대책	-	-	353개소	1식	
예산	14.1조 원	13.9조 원	16.9조 원	5.3조 원	22.2조 원

계획 추진 절차도 그렇다. 원래 하천을 임의로 손을 댈 때는 수자원장기종합계획(하천법 제11조)[1]을 국가(국토해양부)에서 먼저 수립하고, 다음으로 시군별 또는 광역단체별로 상위 계획이 벗어나지 않는 범위 내에서 유역종합치수계획

---

1) 물 공급 및 홍수 방지 등 수자원 전반에 대한 종합 계획.

(하천법 제11조 2항)[1]을 세운다. 국가하천은 물론 지방1급, 2급하천도 유역치수 계획에 벗어나지 않는 범위 내에서 하천정비기본계획(하천법 제17조)[2]을 수립하며, 마지막 단계로 하천 공사는 하천정비기본계획에 따라 설계하고 시공한다. 그런데 4대강 사업은 물 확보, 수질 개선과 생태 복원, 강과 주변 지역의 체계적 정비 등을 위한 정책 방향과 밑그림을 제시하는 신개념의 포괄적 계획이기 때문에, 마지막 계획인 하천 공사 계획부터 먼저 수립하고, 거꾸로 수자원장기종합, 유역종합치수계획, 하천정비기본계획을 여기에다 맞추었다는 것이 정부 측의 주장이다. 하천법이 왜 필요한가? 그렇다면 지금까지 말단 지자체들이 하천 관련 사업을 하고 싶어도 하천법 때문에 못한 것은 어떠한 명목으로 설득할지 의문이다.

예산 집행도 문제가 있다. 우리나라 예산 회계 제도는 여러 해에 걸친 사업은 계속비 제도를 인정하되, 계속비는 헌법 제55조와 국가재정법 제23조에 따라, 미리 국회의 의결을 얻은 범위 안에서 지출하도록 규정하고 있다. 그런데 4대강 사업은 예산이 통과(2009. 12)되기도 전인 2009년 10월에 시공업자 선정을 이미 마쳤다. 곧, 12개 공구 총 12억 원 예산으로 평균 2,750억 원(최대: 낙동강 22공구 4,060억 원, 최저: 영산강 2공구 1,487억 원), 총 3조 3,009억 원 상당의 대규모 공사를 긴급 턴키공사로 입찰하여 시공업자를 결정했다. 다시 말해, 2년 연속 국회를 통과해야 쓸 수 있는 예산 2,750억 원을 당연히 통과할 줄 믿고, 기존에 확보된 1억 원으로 2,750억 원 규모의 공사를 미리 발주하여 건설업자를 선정한 것이다. 국회를 무시하고, 정부 편리대로 편법을 동원하여 시행한 것이다.

---

1) 유역 및 하천에서 분담할 목표홍수량을 지점별로 결정하고 이에 대한 홍수 방어 대책 등을 제시하는 장기 계획.
2) 하천에서 계획홍수량을 처리할 수 있는 치수 사업의 기준을 결정하는 계획으로서, 주로 하천 구간별 계획홍수량, 계획홍수위, 하폭 등을 결정한다.

중앙정부 부처의 인허가 문제도 마찬가지다. 노무현 정부 때 환경부는 2005년 4월 국토해양부에서 시행하려 한 남한강 하도 준설 사업(충주댐 직하-팔당댐 직상 114.5킬로미터, 4대강 사업에도 일부 포함)에 대해 "팔당호 수질에 직접 영향을 미칠 수 있는 하천 구역이므로 홍수 피해를 줄이기 위한 최소한의 사업으로 계획을 수립해 제시해야 하며, 저수와 고수호안의 설치, 둔치 조성 사업 및 골재 채취 사업을 위한 하상 정비 사업은 지양"해야 한다는 검토 의견서를 보내왔다(2005. 4. 14). 이처럼 하상 준설로 인한 수질 및 수생 생태계의 부정적 영향을 고려하던 환경부가 이명박 정부의 4대강 사업에서는 180도로 입장을 바꾸어 22조 원이 드는 토목 사업의 사전 환경성 검토를 단 40여일 만에 끝내 버렸다.

4대강 턴키입찰의 비밀

공사 입찰에서 일반경쟁입찰은 아무런 조건 없이 여러 시공자가 동일한 계약 조건을 가지고 가격 경쟁으로 입찰하는 방법이며, 이를 조금 변형하여 시공자의 실적과 능력, 경영 실태에 따라 입찰 참가자의 범위를 제한하여 가격 경쟁을 시키는 것이 제한경쟁입찰이다. 턴키입찰은 비교적 사업비가 큰 규모의 공사로서, 열쇠(key)를 돌리면(turn) 모든 시설이 가동되는 상태에서 인수받을 수 있다는 말에서 유래된 용어로서, 시공 회사가 책임지고 계획, 설계, 시공, 시운전까지 일괄 처리하는 조건을 제시하게 하여 시공업자를 선정하는 방식이다. 그런데 턴키입찰은 입찰에 참여하기 위해서 선先계획과 설계가 필요하며, 이를 위해서는 몇 십억 원에서 큰 공사는 몇 백억 원까지의 선투자를 해야 하기 때문에 대형 건설회사가 아니면 엄두를 내지 못한다. 결국 입찰에 참여하는 주간 회사(몇 개 회사가 묶어서 콘소시엄을 형성한 회사)는 서너 곳에 불과하며, 이들이 제출한 계획 및 설계 자료 등 기술력(설계 점수 40점, 시공 능력 30점)을 평가한 뒤,

기술력이 우수한 두세 개의 입찰 참가 적격 업체를 선정하여, 이들로 하여금 기술력(70점)과 함께 사업비(30점) 경쟁을 붙여 최종 회사가 낙찰된다. 여기에서 담합을 하지 않으면 일반경쟁입찰과 마찬가지로 40퍼센트에서 70퍼센트 대로 낙찰율을 보여 별로 실익이 없지만, 참가 업체 대부분이 담합을 하고 있어 90퍼센트에서 98퍼센트 정도로 낙찰된다. 턴키입찰 방식은 다음 세 단계 과정을 거치면서 비리를 낳게 된다.

첫 번째 단계는 공무원을 대상으로 한, 참여 업체들의 불법 로비이다. 금액은 수시로 바뀌지만 300억 원(2006년까지 토목 공사는 500억 원) 이상 소요되는 사업은 일반입찰로 발주할 수도 있고 턴키입찰을 할 수도 있다. 이때에 흔히 대형 건설업자는 두세 개 업체가 경쟁하는 입찰 방식인 턴키발주로 유도하는 로비를 한다. 이 과정에서 많은 뇌물이 오간다.

두 번째 단계는 기술평가위원에 대한 시공업체의 로비다. 시공업체에서 제출한 기술 자료를 바탕으로 업체 두세 곳을 선정하는 이 단계에서, 시공업체는 높은 기술 점수를 받기 위해 로비를 한다. 이 경우는 주로 공기업 임원이나 대학교수, 기술사 같은 전문가들이 분야별로 평가 심의를 하여 점수를 매기도록 되어 있으며, 이들이 비정상적으로 차이가 나도록 점수를 매기면 입찰에서 기술 점수가 월등한 업체가 낙찰에 유리하다. 여기에서 평가위원들을 상대로 치열한 로비가 이루어진다. 많은 대학교수가 이 단계에서 비리에 말려든다.

세 번째 단계에서는 업체 간의 담합 비리가 발생한다. 최종 입찰자는 이미 받은 기술 점수와 함께 가격 입찰을 통해 최종적으로 결정되는데, 여기에서 업체끼리 담합하여 어느 특정 업체를 밀어주면 제시한 가격의 95퍼센트 대로 낙찰이 되고, 담합하지 않고 경쟁하면 45퍼센트에서 70퍼센트 사이에 낙찰된다. 그러나 통상적으로 기술 점수를 가장 잘 받은 회사에서 조건(떡값 또는 교차 밀어주기)을 내걸고 양보를 요구하며, 이러한 요구에 다른 업체들은 대부분 응한다. 만일 이를 거절하면 따돌림을 당해 그 분야에서 살아남기 힘들기 때문이다. 이 과정에서 담합 비리가 속출한다.

일반적으로 입찰 비리가 터졌다 하면 주로 턴키입찰에서 나타나는 것이 바로 그런 까닭에서다. 앞선 두 단계는 비리 당사자들이 양심선언을 하지 않는 한 잘 드러나지 않지만, 마지막 단계는 낙찰율을 보면 담합 비리가 있었는지를 쉽게 알 수 있다.

어째서 사업비가 비슷한 일을 일반경쟁입찰로 발주하면 50퍼센트 대에 낙찰되는데, 턴키로 발주하면 95퍼센트 대에서 낙찰되는 것일까? 만일 50퍼센트 대에 낙찰 받은 회사가 그 사업으로 손해를 입지 않는다면, 95퍼센트에 낙찰 받은 회사는 공사 금액의 절반이나 남기는 폭리를 취한다고 봐야 옳지 않겠는가? 일례로, 서울 지방 국토관리청이 2002년에 발주한 경기도 성남-장호원 간 도로 건설 공사에서 두 공구의 예정 가격(설계 원가)은 3,000억 원으로 거의 같지만, 낙찰가는 하나는 1,478억 원(44.8퍼센트)이고 하나는 2,853억 원(94.1퍼센트)으로 두 배가량 차이가 났다. 그것은 자유경쟁입찰과 턴키입찰 방식의 차이 때문이었다.[1]

최근 4대강 사업에서도 똑같은 현상이 벌어졌다. 표38 및 표39를 살펴보면 일반경쟁입찰과 턴키입찰에서의 낙찰가 차이를 비교해 볼 수 있다. 턴키입찰은 통상적으로 일반 회사에서 하기 어려운 특수 공법이 적용되는 경우에 한해서 발주하게 된다. 그런데 도로 및 교량 공사가 그런 범주에 들 것 같지는 않다. 또한 4대강 보 공사나 제방 공사가 어려운 공법이 있어 턴키 발주를 했겠는가? 전혀 그렇지 않다. 토목 공사에서 가장 일반적이고 쉬운 공사가 도로 공사이고, 제방 공사

---

1) '미디어다음'(2006. 9. 12) 기사와 김헌동 등이 쓴 「대한민국은 부동산 공화국이다?」(신대, 239쪽) 참조.

나 보 공사다. 하상 준설은 굴착기로 흙을 퍼 덤프트럭에 싣거나 준설 펌프로 퍼내기만 하면 되는 일이다. 설사 어려운 공법이라 해도 무조건 경험 많은 큰 회사가 일을 맡아야 한다는 논리는 설득력이 없다. 중소 업체에서 시공을 맡게 되더라도 경험 많은 전문가를 채용하면 시공 능력을 갖추는 데에는 문제가 없다.

또, 혹시 재정 능력이 부족한 회사가 일을 맡으면 골치 아프기 때문일까? 관리 감독을 철저히 해서 선급금 없이 일한 만큼 돈을 지급하는 방식, 곧, 기성금만 지급하면 재정 능력이 없어도 문제가 되지 않는다. 결국, 턴키는 재벌 회사를 봐주기 위한 제도로밖에 이해되지 않는다. 턴키 발주 방식에 문제가 있다는 사실은 국회의원도, 장관도, 정부 관리도 모두 잘 알고 있다. 국정감사에서 어느 국회의원이 "턴키 발주에 문제가 있는 것을 알고 있죠?" 하고 물으니, 국토해양부 장관(정종환)은 즉각 "예, 알고 있습니다"라고 대답했다.

표38. 낙동강 살리기 일반경쟁입찰 결과

공구명	건설사	입찰가(원)	투찰율(%)	예정가(원)
1공구	삼성물산	49,422,532,215	59.5	83,103,363,400
3공구	삼협건설	34,719,938,000	57.2	60,658,679,775
4공구	세정건설	30,381,934,000	55.4	54,888,500,675
5공구	협성종합건설	66,383,592,000	60.5	109,654,232,550
16공구	현대산업개발	77,946,000,000	56.6	137,820,681,350
21공구	남영건설	35,292,374,000	65.3	54,052,391,450
26공구	영진종합건설	40,678,286,000	65.8	61,776,741,400
27공구	서진산업	28,840,650,300	49.0	58,801,083,000
28공구	일신토건	37,711,996,000	53.9	69,996,062,225
29공구	신성건설	32,859,436,000	51.4	63,919,139,350
34공구	신성건설	50,547,960,000	62.9	80,303,462,175
36공구	성우건설	38,093,179,097	59.7	63,783,967,700
보고서		522,879,877,612	58.1	898,758,310,050

자료: 건설경제 입찰정보

표39. 턴키입찰 결과
민주당 자료

구분	공사명	공사비(억 원)			실시설계 적격자	참여 업체 수	2위 업체와 차이(%)
		예정가	낙찰가	낙찰률(%)			
한강(3)	3공구	3,443	3,162	91.85	대림	2	3.05
	4공구	3,156	2,982	94.49	삼성	3	2.31
	6공구	2,881	2,685	93.20	현대	3	0.4
금강(2)	6공구	2,798	2,645	94.55	GS	2	1.15
	7공구	1,800	1,692	93.98	SK	3	4.85
영산강(2)	2공구	1,487	1,410	94.80	삼성중공	2	0.3
	6공구	3,326	2,988	89.81	한양	3	0.12
낙동강(8)	18공구	3,208	3,030	94.50	GS	3	0.01
	20공구	2,642	2,483	93.97	SK	3	2.35
	22공구	3,685	3,383	91.80	현대	5	3
	23공구	3,178	2,902	91.30	대림	2	1.34
	24공구	3,847	3,821	99.32	대우	3	0.57
	30공구	1,967	1,788	90.90	포스코	2	3.9
	32공구	2,006	1,845	92.00	두산	3	7.5
	33공구	2,277	2,121	93.14	현대산업	2	1.8

 그렇다면 왜 턴키입찰로 발주를 하는 것일까? 설계 회사도, 건설 회사도, 심사하는 대학교수도, 감독하는 정부 관리도, 예산을 심의하는 정치인도 모두 먹을 것이 많기 때문이다. 그러나 국민의 처지에서 보면, 아직도 불량한 양심이 난무하는 대한민국 풍토에서는 혈세를 낭비하는 제도일 뿐이다. 대형 건설 비리가 터졌다 하면 여지없이 '턴키 발주 사업'이다. 그래서 '턴키'라고 하면 '부정부패'나 '부패의 고리'가 떠오른다. 만일 4대강 사업이 예산안을 날치기해서라도 통과시켜야 할 만큼 국민을 위한 시급한 사업이라면, 그리고 국가 예산의 낭비를 줄여 복지에 투입하여 살기 좋은 국가를 만들려고 마음먹은 국회의원이라면, 턴키입찰로 국민의 혈세를 낭비할 것이 아니라 일반경쟁입찰로 국가 예

산을 아껴야 할 터이다.

"2000년부터 2007년까지 조달청 발주 사업을 총망라하여 1,000억 원 이상 사업을 조사하니, 턴키입찰의 평균 참여 회사는 3개 회사이고 낙찰가는 92퍼센트인 반면에, 일반경쟁입찰의 평균 입찰 참여 수는 34개사로서 평균 낙찰가는 61퍼센트로, 입찰 제도만으로도 무려 31퍼센트의 예산을 절감"[1]할 수 있다. 그런데 왜 정부는 4대강 개조 사업을 턴키입찰로 발주했으며, 왜 하필이면 턴키로 낙찰된 회사 대표는 포항 동지상고[2] 출신이 그리도 많으며, 하필이면 국회 국토해양위 상임위원장도 동지상고 출신일까?

홍수 피해 과장하여 4대강 사업 강행

정부는 지류보다 4대강 본류의 홍수 피해가 크다고 주장하며 4대강 사업을 강행하고 있다. 정부의 주장인즉슨, 연간 2조 7,000억 원(2002~2006년 5년간 자료만 발췌한 통계치)의 피해를 입고, 이를 복구하기 위해 4조 7,000억 원을 매년 투입하느니, 차라리 22조 원(4대강 살리기 총사업비)을 한꺼번에 투입하여 4대강 본류의 피해를 아예 없애자는 것이다. 국토해양부에서는 표40의 자료를 말하는 것 같다. 여기에서 2조 7,000억 원, 4조 7,000억 원은 강원도 산골이며 섬 지방에서 입은 피해까지도 모두 포함한 금액이다. 얼마나 엉터리 주먹구구식인가?

통상적으로 국가 계획 또는 하천 관련 계획에서는 최근 10년 내지 20년 통계치를 제시한다. 4대강 본류의 홍수 피해액을 좀 더 정확하게 제시하려면 지난

---

1) 공공투자사업입찰자료연구, KDI(2008. 12, 109쪽).
2) "4대강 업체 선정 담합, 동지상고 독식 의혹"(MBC, 2009. 11. 12.): 민주당 이석현 의원은 낙동강 15개 공구 중 8개 공구가 동지상고 출신이 관여하는 회사라고 밝혔다.

표40. 4대강 마스터플랜에서 주장하는 피해액

연도	전국 홍수 피해액	전국 홍수 피해 복구비	비고
2002	6조 1,153억 원	9조 486억 원	태풍 루사
2003	4조 4,082억 원	6조 7,373억 원	태풍 매미
2004	5,565억 원	9,989억 원	
2005	4,905억 원	8,781억 원	
2006	1조 9,181억 원	3조 6,335억 원	태풍 에위니아
2007	2,044억 원	4,897억 원	
연평균	'02-'06연평균 2조 6,977억 원	'02-'06연평균 4조 2,593억 원	정부 측 주장
	'03-'07연평균 1조 5,155억 원	'03-'07연평균 2조 5,475억 원	야당 측 제시

20년 동안 홍수 피해액을 구하든지, 해마다 발간하는 재해연보 보고서에 이미 수록된 최근 10년간 피해액을 그대로 인용해야 한다. 또는, 백보 양보해서, 지난 5년 동안의 통계 제시가 옳다 하더라도, 그 5년 기간을 2002년부터 2006년까지(피해액 2조 7,000억 원)로 할 때와 2003년부터 2007년(피해액 1조 5,000억 원)까지로 할 때는 두 경우가 피해액이 무려 45퍼센트 가까이 차이가 난다. 이렇게 홍수 피해액이 높은 해를 임의대로 포함해 주장하는 것은, 결국, 통계를 가지고 국민을 우롱하는 일일 터이다. 사실 당시에 인용한 재해연보(2006년 소방방재청 발간)에는 최근 10년간(1997년부터 2006년) 비, 바람, 폭풍, 해일, 설해 피해 모두를 포함해서 연평균 2조 1,700억 원으로 집계하여 수록되어 있었다. 여기에서 호우 피해만을 발췌하여 언급하면 될 일이다. 그런데도 정부는 이를 무시하고, 홍수 피해가 큰 기간만을 발췌하여 피해액을 부풀렸다.

아무튼 4대강을 위시한 국가하천에서의 홍수 피해는 우리나라 전체 홍수 피해액 비율에서 0.3퍼센트에서 0.7퍼센트 사이에 지나지 않는다. 소방방재청의 자료(1970~2003년 평균)에 따르면, 우리나라 호우 피해 가운데 공공시설의 피해가 65퍼센트이며, 공공시설의 피해 가운데 법정 하천(국가하천, 지방1급, 2급 하천)의 피해가 18.7퍼센트(2002, 2003, 2006년 평균)이다. 법정 하천 가운데 지방1급, 2급하천의 피해가 94.3퍼센트이고, 4대강을 위시한 국가하천(우리나라 국가하천은 총 65개)이 입은 피해는 겨우 3.6퍼센트(방재협회 자료) 내지 5.7퍼센트(건설기술연구원 자료)[1]에 지나지 않는다. 또 제방 붕괴 유형을 보면 물이 많아 넘치는 피해는 40퍼센트이고, 나머지 60퍼센트는 침식, 제체 불안정, 교량과 배수문 등 하천 구조물 시설의 부실 및 관리 불량으로 생긴 피해다.

종합해 보면, 우리나라 홍수 피해 가운데 공공시설이 입은 피해는 65퍼센트이고, 그 가운데 하천으로 인한 피해는 18.7퍼센트이다. 하천 피해 가운데 국가하천이 입은 피해는 단 5.7퍼센트이다. 따라서, 만일에 국가하천에서 제방 부실 공사와 관리 부실에 따른 피해가 전혀 없고, 모두 제방 붕괴나 월류로 인한 피해라고 '비현실적으로' 가정하더라도, 국가하천은 0.7퍼센트(65퍼센트×0.187×0.057=0.7퍼센트)의 피해를 입어 온 셈이다.

한편, 국가하천이 입은 피해 가운데 홍수량이 넘쳐서 입은 피해는 40퍼센트이므로, 지금 벌이고 있는 4대강 사업 중 치수 목적의 하천 단면을 확보하기 위한 하상굴착 및 제방 건설(댐 및 보 건설은 가뭄 해소를 위한 시설)로 나타나는 피해 절감 효과는 전체 호우 피해의 0.3퍼센트(65퍼센트×0.187×0.057×0.4=0.3퍼센트)에 지나지 않는다. 결국, 4대강 사업은 우리나라 전체 호우 피해 가운데 고작 0.3퍼센트의 피해를 줄이기 위해, 22조 원이 넘는 어마어마한 국가 예산을 들여 벌이는 사업인 것이다.

---

[1] 윤광석, 하천제방 붕괴유형 분석 및 설계방안(2003, 건설기술연구원).

대안은 자연 하천 복원이다

'자연형 하천 복원'을 주창하던 정부, 4대강 사업에 올인

독일, 일본, 스위스, 영국, 미국 등은 오래 전부터 치수, 이수利水 위주의 하천 개발에서 자연형 하천 복원으로 정책을 바꿔 시행해 오고 있다. 우리 정부도 지난 1995년부터 자연 하천 복원을 추진해 왔다.

국토해양부는 치수와 이수 위주의 하천 관리를 담당하던 것을 1998년도부터 하천 생태계 보전과 여가 공간 확충 등 삶의 질 향상을 도모하기 위한 하천 환경 정비 사업으로 전환해, 시범적으로 7개 하천(오산천, 경안천, 경천, 한강 난지, 황구지천, 성환천, 동복천)을 대상으로 실시해 왔다. 국토해양부는 2004년 8월에는 '치수사업개선방안'을 마련하여 생태 습지형 홍수 저류지 등 친환경적인 치수 방식을 도입했고, 2004년 12월에는 '자연친화적 하천정비기본계획 수립지침'을 마련하여, 생태보전지구 등 하천 내 지구별 관리 체계를 도입하고, 하천 고유의 선형과 공간을 보전하는 자연 친화적인 설계 기법을 제시했다. 2005년에는 자연 친화적 하천 정비를 본격적으로 추진하기 위해 하천법을 개정하여, "하천의 자연친화적인 정비·보전"을 하천법의 목적 규정에 명시하였다. 2005년 6월에는 도시 하천 환경 개선 계획을 발표하고, ①도시별 테마가 있는 생태 하천 조성 ②하천 보전·복원지구 제도의 법제화 ③하천 복개 금지

그림11. 독일 이자 강 복원의 형태 (출처: 독일 뮌헨시청)

과거의 하천 개발

현재의 하천 개발

그림12. 스위스 투어 강 복원의 형태 (출처: 강과 지속 가능한 국토 강연집)

과거의 하천 개발

현재의 하천 개발

등 하천 형상 변경 억제, 이 세 가지를 도시 하천 환경 개선 방안으로 제시했다. 2005년부터 생태 하천 조성 사업을 위해 안양천, 낙동강 등 국가하천 17개 사업을 신규로 착수하고, 나머지도 2007년까지 착수하여 총 50개 지구 301킬로미터 구간에 1조 2,000억 원을 들여 2011년까지 완료할 계획이다.

 환경부는 자연형 하천을 "그 하천이 지닌 본래의 자연성을 최대한 살릴 수 있도록 조성된 하천"으로 정의하고 이수, 치수 기능뿐만 아니라 하천의 생태적 회복과 삶의 질 향상을 위한 환경 개선에 중점을 둔 자연형 하천 정화 사업을 추진해 왔다. 1987년부터 2004년까지 8,102억 원을 투입하여 596개 하천을 대상으로 퇴적 찌꺼기 파내기, 저수호안 조성, 수생식물 식재, 어도 설치 등의 사업을 완료했다. 2005년 11월 환경부는 '물환경관리기본계획안'을 발표하면서 종합적인 자연형 하천 정화 사업 계획을 제시했다. 이에 따르면 지방하천 3만 4,000킬로미터 가운데 74퍼센트인 2만 3,400킬로미터가 콘크리트 등 인공 설치물로 인해 훼손돼 있는 것으로 밝혀졌다. 환경부는 2015년까지 매년 5,000억 원을 투입해 훼손된 하천의 25퍼센트인 5,800킬로미터를 자연형 하천으로 복원할 계획이라고 발표했다. 행안부와 지자체들도 마찬가지로 자연형 하천으로 복원할 계획을 가지고 있었다.

정부가 지금까지 추진해 온 하천 복원 운동은 '하천이 지닌 본디의 자연성을 최대한 살리는 자연스러운 강'을 만들기 위함이었으며, 이를 위해 수조 원을 들였다.

표41. 부처별 자연형하천 복원 실행 내용

사업 명칭	추진 기관	내용
자연형하천 정화사업 (오염 하천 정화 사업)	환경부	1987년부터 2005년까지 총 210개 하천을 대상으로 시행. 초기엔 오염이 심한 도시 중소하천을 대상으로 하상토 준설 등을 통한 수질 개선에 중점을 두었으나, 최근 인공 구조물 철거, 자연형 호안 조성 등 생태계 복원 사업의 비중이 높아짐.
자연친화적 하천 정비	국토해양부	1989년 오산천을 시작으로 7개 하천 구간에 대한 자연친화적 하천정비시범사업이 추진되었으며, 도시하천 환경개선계획에 따라 2011년까지 전국 50개 하천 총 301km 구간에 도시의 특성과 연계된 테마형 생태하천을 조성할 예정.
자연형 소하천 정비 시범사업	행정안전부	2002년부터 2006년까지 전국 소하천을 대상으로 자연형 소하천 정비 사업의 시행에 필요한 기초자료의 수집과 치수안정성 검증, 자연친화적 공법 개발 등 시범사업을 추진.
자연형하천 정비 사업	지자체	서울의 양재천과 청계천, 경기도 수원시의 수원천 등 도심복개구간 및 생태계 훼손구간에 대한 지자체 주도의 공원하천 조성 사업.

자료: "수생생태계 건강성 회복 위한 하천복원 모델과 기준", 환경부

정부가 2002년 12월에 발간한 '하천 복원 가이드라인'이나 매년 실시하는 '자연형 하천 조성 사업 우수 발표 사례' 자료, 2007년 3월 '친환경 하천 관리 방안', 환경부의 '수생 생태계 건강성 회복을 위한 하천 복원 모델과 기준' 어디에도 하천에 보를 세워 호수로 만들자는 계획은 없었다.

얼마 전까지 정부가 주창하던 하천 복원 사업은 사라지고, 당시 하천 복원을 주장하던 국가 관리는 지금 앞장서서 4대강 사업 전도사 노릇을 하고 있다.

댐은 교과서에서 배운 것처럼 좋기만 한가?

우리는 댐의 혜택(용수공급, 홍수조절, 전기 생산, 관광 개발 등)에 대해서는 잘 알고 있지만, 폐해에 대해서는 거의 모르고 있다.

한국수자원공사와 강원도가 공동 비용을 투입하여 연구한 소양강댐 편익 보고서에는 수치로 계상 가능한 소양강댐 플러스 편익(이익)은 연간 400억에서 500억 원이고, 마이너스 편익(피해)은 직간접적으로 매년 3,100억에서 4,900억 원에 이른다고 밝혔다.

표42. 소양강댐 건설로 인한 연간 마이너스 편익

피해 구분		피해 액수 (백만원)	비고
수몰 피해	지역의 농업 소득 상실분	39,391-53,956	수몰농경지 782만 평의 농업 생산으로 말미암은 기회비용 상실액
	지역의 임업 소득 상실분	385	수몰된 임야 641만평의 임업 생산으로 인한 기회비용 상실액
	기타 추가 피해 요인	-	-당시 화전을 통해 개간된 약 80만 평의 개간지 포함 피해액 10-20% 증가 -축산업 생산 활동을 포함할 경우 피해액 증가 -지역 내 추가적인 농업 소득이 지역에서의 소비 활동으로 이어질 경우 지역 경제 파급 효과 발생

수몰 피해	지역의 농업 소득 상실분		39,391-53,956	수몰농경지 782만 평의 농업 생산으로 인한 기회비용 상실액
	지역의 임업 소득 상실분		385	수몰된 임야 641만 평의 임업 생산으로 인한 기회비용 상실액
	기타 추가 피해 요인		-	당시 화전을 통해 개간된 약 80만 평의 개간지 포함 피해액 10-20% 증가 축산업 생산 활동을 포함할 경우 피해액 증가 지역 내 추가적인 농업 소득이 지역에서의 소비 활동으로 이어질 경우 지역 경제 파급 효과 발생
안개 피해	지역의 농업 소득 상실분		10,271-19609	잦은 안개 발생으로 말미암은 농작물 수확 감소 및 품질 저하로 발생한 농업 소득 감소분
	지역 주민의 추가 진료비		2,114-4,227	잦은 안개 발생으로 말미암은 주민의 관련 질환자 증대로 발생된 진료비 부담 증대분
	기타 추가 피해 요인		-	교통체증으로 말미암은 주민의 출근 시간 지체 비용 교통사고 증대로 말미암은 인적, 물적 피해 비용 산성안개 발생으로 말미암은 산업구조물 피해 비용 안개 낀 오전 시간의 주민 전력사용량 증대로 인한 피해 비용 오전 안개로 말미암은 지역 내 골프장 및 각종 야외운동시설의 영업손실 비용
교통 피해	육상 교통 시간 추가로 말미암은 시간 비용		9,787	자동차 운행 시간 추가(30분)로 인한 주민의 시간 손실 비용
	육상 교통 거리 추가로 말미암은 운행 비용		5,402	자동차 운행 거리 추가(29km)로 인한 각종 차량 추가 운행 비용
	호수 내 오지마을 각종 선박 및 버스 운행 비용		501	행정선, 장학선, 소방선, 경찰경비정, 주민용 여객선과 오지운행 시내버스 운영관리비
	초중고생 도심지 자취, 하숙비용		144	총 60명 학생의 춘천 도심지역 하숙 및 자취 비용
	기타 추가 피해 요인		-	대체시설도로의 거리 추가 및 굴곡도·위험도 증가로 말미암은 교통사고 피해 비용 증대 속초 등 영동권 여행객들의 우회노선 이용에 따른 관광객 유치 기회의 상 실비용 교통 불편으로 말미암은 인구의 격감 ⇒ 공공기관의 감축 ⇒ 생활 불편으로 이어지는 주민생활 피해
계량화가 어려운 기타 피해 요인	환경 규제 피해		-	댐 건설 후 주변 지역의 '자연환경 보전지역' 지정으로 말미암은 추가적인 환경규제 피해
	댐 안정성과 관련된 주민의 정신적 피해		-	홍수 시기마다 댐의 안전성을 우려하는 주민의 정신적 피해
	수공과의 물값 공방으로 말미암은 사회적 비용 손실		-	소양강댐 취수로 말미암은 수공과의 물값 공방 및 이로 말미암은 행정적 비용과 시민의 사회적 비용
계량화 가능 부분에 대한 총계			315,843-484,808	

2006년 7월 23일 소양강댐 상류에 떠내려온 쓰레기 더미. (연합뉴스, 이해용 기자 촬영)

홍수가 발생하면 댐으로 쓰레기가 몰린다. 다목적댐은 수자원공사에서 쓰레기를 치우지만, 수력발전용 댐들은 지자체가 자체 예산으로 치워야 한다. 가뜩이나 어려운 농촌의 시군 재정은 홍수 때마다 쓰레기 처리 비용까지 대느라고 많은 어려움을 겪고 있다.

남한강 최상류인 송천에 세운 도암댐[1]은 1990년 2월에 발전을 개시했으나, 극심한 수질 오염으로 2001년 7월부터 발전이 중단된 상태이며 주민은 철거를 요청하고 있다. 이 댐으로 말미암아 강릉시는 홍제취수장을 사용하지 못하게 되는 경제적 손실을 입었을 뿐더러, 독성 남조류까지 출현해 수질에 대한 불안이 고조되었다. 또 하천수의 구성 성분도 질소와 인 같은 영양염류가 과도하게 포함된 호소수의 특성을 지니게 되는 등, 여러 모로 수질 관리의 어려움을 겪고 있다. 이러한 이유로 2001년부터 강릉수력발전소가 폐쇄되면서, 오염된 도암호는 본래 한강 측 하천인 송천을 통해 골지천과 동강으로 흘러들면서 남한강 상류의 수질을 오염시키고 있다.

한편, 갈수기에는 송천의 유량 감소를 가져와 생태계를 사막화하고, 하류의 물 공급에도 곤란을 끼치고 있다. 2011년 현재 강원도와 한국수력원자력 측이 도암댐 문제를 해결하기 위해 논의하고 있다.

2006년 7월 태풍 '에위니아'가 시간 최대강우량 88mm를 쏟아붓자, 소양

도암댐 여수로 방류수 모습(좌), 오염된 호수(중), 도암댐 하류 송천의 악취 나는 오염 물질(우).(오마이뉴스 강기희 기자)

 호 상류에 있는 고랭지 밭과 수해 지역으로부터 토사가 유입되어 소양호의 고탁수 방류가 장기화되었다. 소양호는 2005년까지는 30NTU[2] 이상의 방류가 일 년에 한두 달 정도였고 최고탁도가 79NTU였으나, 2006년 여름부터는 최고탁도가 무려 328NTU였다. 2006년 홍수기에 유입된 흙탕물이 2007년 3월까지 약 7개월 동안 방류되는 바람에, 경관이 망그러진 것은 말할 것도 없고, 물고기 아가미가 흙투성이가 된 채로 생식 능력을 잃은 탓에 물고기 씨가 마를 정도였다.

 상류에서 쏟아지는 쓰레기도 큰 문제다. 필자는 2006년 당시 소양호 내 계곡 곳곳에 널린 쓰레기 모습을 보고 아연실색할 수밖에 없었다. 호수에 유입된 쓰레기는 수거했으나 호수 내 계곡에 쌓인 쓰레기는 1년이 지나도 여전히 남아 있었다. 소양호뿐만 아니라 여느 다른 댐에서도 마찬가지로 이런 문제로 골머리를 앓고 있다.

---

1) 1991년에 완공했으나 강릉 홍제취수장 및 안목항 오염으로 44억 원을 보상했으며, 정선군 북면 상수도를 오염시켜 76억 원을 변상하는 등 폐쇄가 많아 2001년부터 폐쇄 조치가 내려져 발전을 중지하고 있으며, 현재 정선, 영월, 강릉 주민을 중심으로 해체 운동을 벌이고 있다. 우기가 아닌 평시에도 이러한 등외 수준의 오염된 물이 흘러나와 동강(남한강)을 오염시키고 있다.(오마이뉴스, 강기희 기자)
2) 탁도계(Nephelometer)를 사용하여 산란광을 측정하는 탁도의 단위로서, 물의 흐림 정도를 나타낸다. 탁도를 유발하는 원인 물질은 토사류와 같은 순수한 무기물질, 천연유기물, 공장폐수와 가정하수에서 유입되는 많은 양의 무기물질과 유기물질, 유기물질로 인해 생성된 박테리아와 미생물, 조류(Alage) 등이다. 음용수 기준은 탁도를 1NTU 이하로 규정하고 있다.

기온이 급격히 떨어지면서 강원도 춘천시 소양댐 중간층의 흙탕물이 표층수와 섞이는 전도 현상이 발생해
마치 장마철 같은 색깔을 띤 모습(왼쪽 사진의 왼쪽 부분)과, 전도 현상이 벌어지기 이전의
비교적 맑은 빛깔을 띠던 소양댐 모습(오른쪽 부분)을 비교해 보이고 있다.(연합포토, 이해용 기자, 2006. 11. 23).
소양댐의 전도 현상은 수온이 낮아지는 11월부터 시작해 다음 해 2월에 가장 극심해진다.
소양강댐 하류로 5개월째 흙탕물이 방류되면서 북한강 물줄기가 가평, 청평, 팔당 인근까지 중국의 황하같이
된다. 탁수로 둘러싸인 가평 자라섬 모습.(뉴시스, 박상대 기자, 2006. 12. 10).

    한편, 우리나라 댐 설계 기준에 수몰지는 200년 빈도 홍수에 대비해 보상하고, 댐 높이는 약 1만년 빈도 강수량(PMP : 가능최대강수량)에 맞추어 설계하게 되어 있다. 그런데, 강릉 지방의 경우, 2002년 태풍 '루사' 이전에는 200년 빈도 확률강우량이 하루 350mm였으나, 그 뒤로 하루 520mm로 무려 48퍼센트나 증가했다. 소양강댐은 1만년 빈도 강우량(PMP)이 이틀에 700mm이던 것이 810mm로 16퍼센트가 증가했다.

    현재 소양강댐으로서는 상류 수몰 보상 기준에 미달될 뿐만 아니라 댐 본체의 높이도 미달된다. 따라서 미달된 수몰지를 추가로 보상하거나 설계할 당시에 책정한 것보다 많은 양을 방류해야 하며, 댐 높이도 애초보다 훨씬 더 높여야 할 것이다. 이 경우, 추가로 수몰 보상을 하는 것은 현실적으로 어렵고, 소양강댐처럼 큰 댐은 댐을 높이기에도 다소 어려움이 있어 대부분 방류량을 늘리는 여수로(방수로) 확장 방법을 취한다. 실제로 국토해양부 산하 수자원공사에서 관리하는 27개 댐 중 용담댐과 대곡댐만이 안전하고 나머지 25개 댐은 기준에 미달하여 댐을 높이거나 방수로를 늘여야 한다는 결과가 나왔다(표43 참조). 농업용 댐도 90퍼센트 이상이 1980년 이전에 지어진 탓에 대부분 증고나 여수

2006년 7월 홍수로 인제, 양구, 홍천에서 내려온 쓰레기가 2007년 7월까지 소양호 내 계곡 곳곳에 쌓여 있다.

로를 확장하고 있다. 실제로 소양강댐은 여수로를 2배 정도 확장했다.[1] 이 경우 댐 상류는 안전하더라도 댐 하류에는 더 많은 양을 방류해야 하므로 하류 주민은 수해에 더욱 취약해질 수밖에 없다.

특히 요즘은 이상기후로 인한 댐 붕괴 위험이 커지고 있다. 자연재해대책법 37조(2005. 1. 25 제정)에 의하면 저수용량 30만m^3 이상인 댐 1,234개(수자원공사 28개, 수력원자력 16개, 지자체 367개, 한국농촌공사 796개)에 대해서 비상대처계획(EAP)을 수립하도록 의무화하고 있다. 비상대처계획 내용에는 댐 하류 측 주민과 관련 공무원들은 댐이 붕괴될 때를 대비해 '시간별 침수 지역과 피난해야 할 장소와 대피로, 비상연락망을 갖추고 미리 훈련해야 하며, 훈련 방법' 까지 제시하도록 되어 있다.

실제로 1961년에 전북 남원의 효기리댐이 붕괴되어 58명이 사망했고, 1996년과 1999년에는 연천댐이, 2002년에는 장현댐과 동막댐이 붕괴되었다.

---

1) 소양강댐 보조 여수로 공사는 2003년부터 1,750억 원을 투입하여 2010년 6월 17일 준공했다. 준공한 보조 여수로는 애초 강우량(PMP)인 632mm을 넘어서 최대 810mm의 집중호우가 내리는 이상홍수 상황에 대비하기 위해 설치됐다. 소양강댐은 지름 14m, 길이 1.2km의 터널식 여수로가 새로 생기면서 방류 능력이 초당 7,500m^3에서 1만 4,200m^3(6,700 증가)로 89.3% 높아졌다. (2010. 7. 17 연합뉴스 이상학 기자)

표43. 2005년 증가된 PMP에 대한 댐 안정성 검토

댐명	유역면적	PMP(가능최대강우)		댐마루표고 (EL.m)	PMP시 저지최 고수위(EL.m)	댐 여유 고려한 허 용수위(EL.m)	검토 결과
		설계시	2005년 검토				
소양강	2,703.0	632	810	203.0	203.9	201.0	월류
영천	235.0	242	715	162.0	165.9	159.5	월류
광동	125.0	428	878	678.6	678.6	676.5	월류
달방	29.0	293	565	117.0	116.1	115.0	여유고 부족
수어	49.0	411	1135	69.2	76.0	67.7	월류
섬진	763.0	332	630	200.0	200.8	198.0	월류
임하	1361.0	424	561	168.0	171.0	165.9	월류
대청	4134.0	532	591	83.0	84.2	80.8	월류
대암	77.0	332	689	55.0	57.2	53.4	월류
안동	1584.0	530	580	166.0	166.6	162.5	월류
연초	11.7	368	899	52.0	51.4	50.5	여유고 부족
구천	12.7	420	574	96.0	95.6	94.5	여유고 부족
충주	6648.0	511	598	148.0	150.4	146.0	월류
횡성	209.0	607	687	184.0	182.3	181.3	여유고 부족
합천	925.0	519	608	181.5	181.1	179.7	여유고 부족
남강	2285.0	655	654	52.2	52.4	49.4	월류
밀양	95.4	554	674	213.5	212.0	211.0	여유고 부족
용담	930.0	635	578	260.5	265.7	267.2	안정
주암(본)	1010.0	722	846	115.0	114.5	112.1	여유고 부족
주암(보조)	134.6	777	992	115.0	113.8	112.8	여유고 부족
부안	59.0	742	800	49.4	48.1	45.9	여유고 부족
보령	164.0	682	698	79.0	77.4	76.2	여유고 부족
운문	301.0	732	568	155.1	155.5	152.0	월류
안계	7.0	272	863	46.9	46.4	44.9	여유고 부족
사연	125.0	412	645	66.4	66.3	65.0	여유고 부족
선암	1.2	-	979	32.0	31.5	29.7	여유고 부족
대곡	57.5	750	895	128.0	125.0	125.9	안정

자료: 건설신문 2005. 10. 1, 5-1쪽

20세기 들어 세계 여러 나라에서 200여 건의 댐 붕괴가 있었고 1만 1,000명 이상이 사망했다. 1889년에는 미국 사우스포크South Fork댐이 무너져 2,200여 명이 죽고, 1963 이탈리아에서는 바이온트Vaiont댐 붕괴로 2,600여 명이 죽었다. 1972년 미국의 버팔로크리크Buffalo Creek댐, 1976년 티턴Teton댐 붕괴로 수백 명의 인명 피해가 있었다. 1979년 8월 10일 붕괴한 인도의 맞추 댐은 홍수량 1억 3,000만m³로 소양강댐의 30분의 1에 불과했으나, 8킬로미터 하류에 있는 모르비 시市를 강타해 2,000명 이상의 목숨을 앗아갔다. 그런데 이 자연재해대책법에 의해 작성된 비상대처계획서에 따라 시간별 침수 예상 지점 등 자료 공개와 대피 훈련을 제대로 시행하지 못하고 있다. 해당 침수 예상지의 땅값이나 집값이 떨어질까 두려운 부동산 소유자들의 여론이 무섭고, 이들로부터 표를 얻어야 하는 정치인들의 입김이 무서워 공개하지 못하는 것이다.

우리나라에서는 소양강댐이 무너지면 춘천 시내 주민이 몰살하고, 서울 수도권은 물론 인천까지 영향이 미친다는 사실이 국회의원 국감자료에 공개됐다. 법에 따르면 춘천 주민은 물론 서울, 인천 주민까지 비상대체계획에 의한 침수지 등 사전 정보를 알아야 하며, 이에 따른 교육 훈련을 받았어야 했으며, 비상연락망을 갖고 있어야 한다. 하지만 우리가 어디 그런 교육을 한 번이라도 받은 적 있는가? 한국수자원공사에서는 2001년부터 다목적댐과 생활용수, 공업용수 댐에 대하여 비상대처계획을 수립했는데 각각 한강권역 댐 6개소(2001~2002년), 낙동강권역 댐 14개소(2003~2004년), 금강권역 댐 4개소(2003년~2004년), 섬진강권역 댐 6개소(2004년~2005년)가 해당된다. 한국농촌공사는, 강릉 남대천 유역 4개 저수지 및 안성천 유역 8개 저수지에 대해서 비상대처계획 수립을 완료(2004년)했으며, 다른 농업용 저수지에 대해서는 비상대처계획을 수립할 예정(2005년~2011년)이다. 한국수력원자력의 경우, 발전용 댐에 대해서 계획을 수립했고(2005년~2008년), 원자력발전소 상류부에 댐이 있을 때에는 국제원자력기구(IAEA) 규정에 의해 비상대처계획 수립이 의무화되어 있다. 하지만 아직 각 지방자치단체에서 관리 중인 댐에 대해서는 예산 때문에 계획을 거의 수립하지 못하고 있다.

여러 사례를 통해, 댐은 인간에게 이득만 주는 것이 아니라 그에 따른 폐해도 만만치 않음을 확인할 수 있었다. 국제대댐회에서도 "상·하류 주민 모두가 동의하는 방향과 평화, 안전을 위해 서로 나눠가질 것" 등, 댐 개발의 새로운 패러다임을 제시했다. 이는 댐 개발의 경제적 편익은 "댐 상하류라는 공간적 형평성과 현 세대와 다음 세대라는 시간적 형평성을 모두 보장하는 것이며, 동시에 생태적 지속 가능성을 최대한 보장하는 댐 개발이어야 한다"는 뜻이다.[1]

우리가 지향할 하천은 '자연 같은 강 복원'

이명박 대통령의 서울시장 시절의 치적이라는 청계천은 실상 하천이라기보다 인공 수로에 가깝다. 수로 벽체는 콘크리트로 세우고 수로에는 전기로 끌어들인 한강물이 흐른다. 생태적으로 죽어 있는 하천을 열린 하천으로 만들었다는 측면에서는 의미가 있지만, 3만 킬로와트KW 대형 모터로 한강물을 퍼 올려 흘려보내고, 돌에 끼인 이끼를 사람이 닦아내야만 하는 것이 지금 청계천의 현실이다.

1980년대 초에 시행했던 서울시의 한강종합개발처럼 레저를 즐기려고 하천 공간을 넓히고, 둔치를 운동장이나 주차장으로 만든 그런 하천이 우리가 만들

---

1) 우효섭 외, 사람과 물(2008, 서울대학교출판부, 289쪽).

청계천 복개 모습(위 왼쪽, 정부 공개 자료) 청계천 복원 모습(위 오른쪽, 필자 촬영)
2010년 청개천 원, 근경(아래 좌우, 최병성 목사 촬영)

어 가야 할 미래 하천의 모습일까? 또 계곡마다 댐을 만들어 홍수에도 대비하고, 유지(환경)용수를 충분히 확보하여 오염된 하천에 늘 맑은 물을 철철 흘려보내는 하천이 우리가 지향해야 할 하천일까? 하나의 유용한 가치(하류의 물 이용)를 생산해 내기 위해서는 또 다른 무용한 가치(상류 지역의 인적·물적 피해와 파괴, 쓰레기)를 생산해 내야 한다는 엔트로피 법칙을 모르는가?

그렇다면 우리는 지향해야 할 하천은 어떤 것일까? 자연의 이치를 잘 따르면 된다. 자연의 이치를 따른다는 것은 거창한 일이 아니다. 물이 적은 곳에는 사람이 적게 살고, 물이 많은 곳에서는 많은 사람이 살되, 물의 자정능력을 고려하면서 생활하고 생산 활동을 하면 되는 것이다.

국토 개조 사업에서 자연의 이치를 잘 따르는 길은 곧 풍수지리를 잘 따져서 사는 길이다. 풍수지리란 명당자리를 찾아 묫자리를 잘 써 후대가 일확천금으로 졸부가 되고, 높은 벼슬자리를 누리는 요행의 학문이 아니다. 풍수지리란 말 그대로 바람과 물과 땅의 이치를 잘 따져서 집을 짓고, 도시를 개발하고, 토지

멀리서 보면 깨끗해 보이는 한강이지만,
가까이에서 보면 형편없이 오염되어 있다. (최병성 목사 촬영)

를 개발하라는 뜻이다. 바람 피해(풍해), 물 피해(수해), 땅 피해(지진 피해, 산사태)를 입지 않도록 하고, 건강에 좋지 않는 북서풍을 막고(우백호), 건강에 좋은 동남풍은 잘 받아들여(좌청룡) 공기 순환이 잘 되게 하여 공해에 시달리지 않게 하며, 물을 이용하기 쉽고, 땅이 침하되거나 산사태가 일어나지 않는 집터를 잡도록 하고, 땅의 특성에 맞게 도시를 건설하고, 집을 지어 잘 이용하라는 학문이다. 풍수지리는 지금으로 말하면 도시계획학이고, 건축학이고, 지리학이고, 상수도공학이고, 하천공학이고, 토질공학이고, 지질학이다. 하천 입장에서 풍수지리학을 적용하면 콘크리트로 하천을 만들지도 말아야 하고, 하천 가까이 집도 지어서는 안 된다. 하천 폭도 넓히고, 물도 깨끗이 하고, 생태적으로도 건강하고, 보기에도 편안한 강으로 되돌려야 한다. 그렇다면 어떻게 그러한 강을 만들 수 있을까?

우선 대원칙이 필요하다. 하류 문제는 하류에서, 상류 문제는 상류에서 해결하겠다는 국민적 합의다. 하류 문제를 상류에 전가하는 것은 인권 문제와 환경 문제를 일으킨다. 또 '형평성 원칙'에도 어긋난다. 원래 상류에는 하천 폭이 좁고 물이 적으니 농사지을 땅도 평지도 적다. 그러니 사람도 적게 사는 것이 맞다. 하류에는 수량이 풍부하고 넓은 평야가 있으니 사람도 많이 사는 것이 자연

한강철교 아래 죽은 물고기들이 쓰레기와 함께 떠 있다. (최병성 목사 촬영)

스럽다. 이러한 이치에 맞게 살아야지, 산을 깎고 하천 폭을 좁게 만들어 택지를 만들고 과도하게 많은 사람이 살게 되니 홍수나 수질 오염 등의 문제도 생기는 것이다. 다시 말해서 물의 자정능력에 맞추어 사람도 살아야 하고, 홍수 방어 능력에 맞게 도시를 확장해야 한다. 어느 한곳에 인구가 집중되니 하천 자정 능력을 넘어선 생활하수가 하천으로 흘러들어 수질 오염이 가중되는 것이다.

다음으로 하천의 방재 기능을 최우선해야 한다. 인위로 좁혀 놓은 하천 폭은 충분히 넓히고, 제방은 친환경적으로 쌓아야 한다. 아울러 제방보다 낮은 지대는 매립하여 건물을 짓고, 제방보다 낮은 지대는 농지로 이용해야 홍수 피해를 줄일 수 있다. 어쩔 수 없이 낮은 지대에 건물을 지으려면 반드시 배수펌프장과 유수지를 갖추어야 한다. 우리나라 홍수 피해 90퍼센트 이상, 사망사고 대부분이 강 상류 산간 계곡의 산사태나 산간지방 도로, 중소 하천 제방이나 여기에 설치된 교량에서 발생한다. 따라서 하천 최상류에 있는 산림을 잘 관리해야 산사태를 막을 수 있으며, 그래야만 토사가 하천을 메우거나 교량 통수 능력을 잡아먹어 교량을 붕괴시키는 일이 없어진다.

다음으로 하천의 이수 기능, 즉, 물 이용 기능을 살펴야 한다. 물의 공급 능력과 배출수의 자정능력을 생각하지 않고, 공단과 택지를 개발하고 인구와 산업 시설이 집중된다면 다른 곳에서 물을 끌어오거나 댐을 만들어야 하는 문제가 생기므로, 원칙적으로는 해당 하천이 감당할 수 있는 범위 내에서 취수하는 시스템이 되어야 한다. 물이 모자란 것 같으면 더는 인구를 늘이거나 산업을 확장하는 정책을 피해야 한다. 아울러 오염 정화 시설에 많은 투자를 해야 한다.

다음으로 환경적 기능인 수질 자정능력과 경관 기능을 고려해야 한다. 해당 하천이 감당할 수 있는 자정능력 범위 내에서 오염물을 배출해야 하며, 콘크리트로 하천을 덮을 것이 아니라 자연 하천 경관을 살리도록 해야 한다. 이러한 시설을 할 때는 반드시 방재 기능(수해에 안전)을 염두에 둔 조경, 경관이어야 한다. 아무리 많은 돈을 투입하여 좋은 경관을 조성했더라도 큰 홍수가 나서 망가지는 시설을 해서는 안 된다. 이미 조성된 도시라 오염량이 많아 불가피하게 자정능력이 떨어지는 하천이라면 오수를 고도 정화하여 방류해야 한다. 그러고도 오염된다면 댐을 지어 희석수를 확보해야겠지만, 이것은 하류 문제를 상류에 전가하는 일이므로 결코 바람직하지 않다.

다음으로 생태를 고려한 하천이어야 한다. 원래 강바닥은 모래와 자갈, 굵은 돌이 함께 어우러져 있고, 소와 여울과 풀이 있어 물고기들이 쉬고 산란할 수 있어야 한다. 또 사람들이 보기에도 편안한 자연스러운 강으로 가꾸어야 한다. 또한, 전국 하천에 있는 보를 없애거나 물고기가 충분히 이동할 수 있도록 보를 개선해야 한다. 지난날에 만든 보는 대부분 생태계(어도)를 전혀 고려하지 않은 보들이다.

위에 말한 모든 점을 고려하여 강 자체만이 아니라 유역 전체를 보는 종합적 안목으로 보존과 개발이 이루어져야 한다.

토지를 개발하면 그림13과 같이 반드시 홍수에 취약해지기 마련이다. 이 증가하는 홍수량을 감소시키기 위해 반드시 하류에 저류 시설을 설치해야 한다. 예를 들어 산림이나 논을 아스팔트로 포장하면, 빗물이 땅으로 스며들지 못하고 고스란히 하천으로 몰리게 된다. 이 우수량을 하천으로 흘러가게 둘 것이 아니라 해당 지역 내에 저류지(연못, 습지)를 둬 하류 하천의 부담을 줄여야 한다는 얘기다.

그림13. 도시화 전후 홍수량 및 도달 시간의 변화

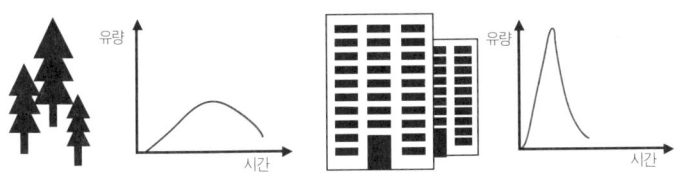

자료: 신상영, 방재협회 강의 자료

끝으로 하천 관리다. 제방으로 물이 넘쳐 피해를 입는 것이 40퍼센트라면 제방 자체의 문제나 부속시설의 붕괴로 말미암은 피해가 60퍼센트다. 관리 부실로 말미암은 피해가 제방 월류로 인한 피해보다 더 크다. 따라서 '하천 관리'를 철저히 해야 하며 이에 대한 충분한 예산을 세우는 것이 중요하다.

댐도 필요하면 지어야 하고, 보도 필요하면 세워야 하고, 필요하면 강바닥 파내기도 해야 한다. 하지만, 정부가 스스로 정한 절차, 즉, 예비 타당성 조사, 타당성 조사, 사전 환경성 검토, 기본계획 수립, 기본설계, 환경 영향 평가 등을 통해 충분히 검토해야 한다. 대통령 의지로 모든 절차를 생략하거나 우회한다면, 지자체도 개인도 이러한 요구를 할 가능성이 많다. 또 정책적, 환경적, 경제적, 문화적 악영향을 확인하고, 악영향을 최소화하는 방안을 마련한 뒤에 사회적 합의를 거쳐 착공해야 한다. 그래야만 우리 후손에게 부끄럽지 않은 자연을 물려줄 수 있다.

2009년 환경부에서 발표한 '하천 특성을 고려한 생태하천 복원 사업'을 보면, 과거와 현재는 주민 편의를 위해 수면 공간을 조성하고, 이용하는 방향으로 개발해 왔지만, 미래 하천은 하천 본래 모습으로 복원하여 역사, 문화, 생태가 함께 어울리는 하천으로 바꿔 나가야 한다고 되어 있다. 정부는 스스로 만든 원칙을 무시해서는 안 된다. 지금 정부는 4대강 사업을 하면서 스스로 만든 원칙을 뒤집고 있다.

에필로그

물 관련 정책의 민주화를 위해

내가 자란 곳은 강원도 동해안 바닷가다. 저녁 무렵 뒷동산에서 바라보면 오징어잡이 배들이 집어등을 걸고 떠 있던 바다. 그 바다를 바라보며 나는 마드로스가 되어 전 세계 바다를 마음껏 누비는 꿈을 꾸었다. 그러나 그 꿈은 싱겁게 끝났다. 체중 미달로 아예 지원 자체가 불가능했다. 고등학교를 졸업하고 우체국에서 2년가량 근무하다가 늦깎이로 대학에 들어가 토목공학을 전공했다. 무슨 포부가 있어서 택한 길은 아니었다. "큰 공사를 해 보면 보람도 있고, 돈도 벌 수 있고, 큰 꿈도 펼칠 수 있다"는 동네 형의 조언에 따른 것 뿐이었다. 대학을 나온 뒤, 나는 공사비 수천억 원에서 수조 원이 투입되는 큰 공사에 참여할 수 있었다. 그런데 그 일은 생각보다 보람 있는 일이 아니었다. 그렇다고 큰돈을 버는 일도 아니었다. 다만, 생존경쟁에 시달리며 가족을 돌보는 힘겨운 나날이었다. 그러는 가운데 양심을 저버리고 돈과 권력과 명예를 좇는 세력을 보았으니, 이것이 이 땅에서 내가 본 현실이다.

강원도 춘천에 농업용수 320만m³를 저장할 수 있는 원창저수지가 있다. 원래 시내 외곽을 흐르는 하천을 가로막고 터널을 뚫어 춘천 시내로 물 돌리기(유역 변경)를 한 댐이다. 이 물을 쓰려던 농토가 지금은 시가지로 변해 농업용 댐으로써 역할을 못하여 늘 물이 남아돌고 있다.
그런데 2010년 4대강 사업의 일환으로 약 300억 원을 들여 5미터 정도 댐을 더 높이게 되었다. 책임을 맡은 농어촌공사는 댐의 증고로 혜택받을 춘천 시민에게서만 동의를 얻고, 피해를 입을 댐 지역민에게는 사전 환경성 검토가 끝나고, 시공업자를 선정한 시점까지도 이 사실을 알리지 않았다. 공사는 댐을 증고할 때는 기존 혜택자 70퍼센트가 동의하면 법으로 문제될 게 없다고 주장했다. 댐 부근 주민은 몹시 분노했다.

2010년 7월 초순 국회에서 '여론 조사의 신뢰성' 문제로 모 국회의원과 수자원공사 사장 사이에 격론이 벌어졌다. 진주 남강댐 물을 부산과 창원에 주는 데 피해를 입을 댐 상류 주민에게는 전혀 묻지도 않고, 혜택받을 사람들만 대상으로 여론 조사를 했다고 따졌다. 혹 이명박 대통령이 이 사업을 하라는 특별지시를 내려 의도적으로 타당성 있는 것처럼 조작한 것이 아니냐, 아니면 '알아서 긴 것'이 아니냐 하는 의혹을 모 국회의원이 제기했다. 이에 대해 수자원공사 사장이 한국개발연구원(KDI)의 유능한 박사들이 했는데 그럴 리가 없다고 답변했고, 국회의원은 유능한 박사들이라고 무조건 신뢰할 수 있느냐고 따졌다.

이 의혹이 사실이라면, 소양강댐, 충주댐 건설 여부를 결정하는 데 직접 피해를 입을 댐 주변 주민의 의사는 전혀 묻지 않고, 혜택받을 서울, 인천, 수원 사람들에게서만 동의를 얻는, 형평성을 잃은 주객전도의 처사인 셈이다.

이런 사례는 또 있다. 2006년 임진강특위(위원장 국무총리)에서 댐 반대 측 전문가들은 배제한 채 정부가 일방적으로 선정한 11명의 실무위원 박사들이 임진강 하류 홍수 대책으로 '한탄강에 댐을 건설할 것인가, 제방 증고를 할 것인가?'에 대한 여론 조사를 하는데, 댐 건설로 혜택을 보는 주민 46퍼센트(파주, 연천 461명)와 피해 지역 주민 54퍼센트(철원, 포천 539명)를 조사 대상으로 삼았다.

여기에서 설문지 문안에 제방 증고는 "기존 제방을 보강하고 흙을 쌓아 홍수를 방지하는 것으로 생태계에 미치는 영향은 다소 작지만, 배수 곤란으로 침수 발생이 우려되며 현재의 제방도 높아서 증고할 경우 안전성 확보에 큰 비용이 소요"된다고 설명했다. 반면, 홍수조절용 댐은 "홍수를 가두어 조절할 수 있는 시설물을 건설하는 것으로 생태계 영향이 우려되나 하천의 홍수 및 수위 조절에 효과적"이라고 설명했다. 홍수 피해를 방지하기 위한 대책 안을 선정하는 질문에서 "제방 증고는 배수 곤란으로 침수 발생이 우려"된다고 설명한 반면에 "홍수조절 댐은 홍수 및 수위 조절에 효과적"이라고 했다면, 누가 댐을 택하지 않겠는가? 더구나 응답자한테 용어를 아느냐고 물어본 결과, '홍수조절용 댐'을 아는 사람은 71.7퍼센트인 반면, '제방 증고'를 아는 사람은 24.7퍼센트에 불과했다. 용어조차 모르는 사람을 대상으로 설문 조사를 한 것이다. 결과적으로 홍수조절용 댐은 42퍼센트가 선호하고, 제방 증고는 26퍼센트가 선호한다는 이유로 댐을 건설해야 한다는 결론을 내렸다.

원래 여론 조사는 조사 주체, 조사 방법, 설문지 내용, 표본을 누구로 하느냐에 따라 조사 결과가 달라지기도 한다. 그래서 찬반과 이해 문제가 달린 '선택의 문제'는 이해 당사자 양측 합의하에 서로 인정하는 설문지 작성과 표본 선정을 하는 것이 상식이다. 여기에 무슨 유능한 박사가 필요하고, 전문 기법이 필요한가? 진실을 알기 위해서는 오직 '기본 상식'이 필요할 뿐이다.

몇 년 전 나는 정부가 추진하는 사업의 반대 토론자로 나서서 정부의 잘못된 계획을 하나하나 짚으면서 따진 적이 있었다. 그때 옛 직장동료가 "대한민국에서 하고 싶은 얘기를 다 하는 기술자는 당신밖에 없는 것 같다"라는 말을 했다. 한심하다는 뜻인지, 격려인지 알 수 없지만, 나는 '기술자로서 정부에 반하는 얘기를 하면 살아남기 힘들다'는 뜻으로 이해했다.

사실 기술자들이 하는 일거리는 거의 모두 정부(공공기관, 지자체, 중앙정부, 공기업)로부터 발주된다. 따라서 한 기술자가 생명을 유지하고 전문가로 성장하기 위해서는 정부 일(연구 용역, 타당성 검토, 기본계획, 실시설계, 환경영향평가, 재해영향평가, 풍수해저감종합계획, 공사감리, 시공)을 수주하지 않고는 어렵다. 그러니 기술자는 정부(공무원)의 눈치를 보지 않을 수 없다.

대학교수도 마찬가지로 용역(연구비, 연구 용역, 타당성 조사)을 따기 위해 역시 공무원의 눈치를 본다. 정부 일을 수주하지 못하면 무능한 교수로 취급받기 때문이다. 심지어 유명세 있고 로비를 잘하는 교수는 봉급보다 오히려 용역 수입이 더 많다. 그러니 교수들도 공무원들 눈치를 볼 수밖에 없다. 이러한 이유 때문에 정부가 추진하는 사업을 찬성하는 편에는 늘 대학교수들이 있다. 오죽하면 모 대학총장 출신 교수는 "지금 한국의 대학은 용역이라면 사족을 못 쓰는 사이비 학자들의 집합처가 되어 버렸다(2009. 3. 18. '시사인' 79호)"고 한탄했을까. 그런 면에서 국책연구원도 정부 정책을 합리화시키는 논리를 개발해 주는 하수인 집단에 불과하다.

김광수 경제문제연구소장은 "어떻게 똑같은 국책 연구기관이 지난 정권에서는 4대강 사업은 망하는 지름길이라고 했다가, 정권이 바뀌자 4대강은 우리나라가 먹고 살 수 있는 유일한 길이라고 견해를 180도 바꿀 수가 있는가? 이것은 연구 능력 문제가 아니라 양심, 정직함, 도덕성 문제"라고 지적했다.

그리고 보면, 자식을 키우는 입장에서 부끄러운 아빠가 되지 않겠다는 각오로 "4대강 살리기는 사실상 대운하의 전 단계"라고 선언한 건설기술연구원의 김이태 박사는 이 시대에 보기 드문 양심적인 지식인이다. 국책 연구원들은 대부분 밥줄 때문에 절대 그러지 못하고, 좋은 머리로 권력자의 입맛에 잘 맞추며 살아가는 '영혼 없는 도구'일 가능성이 높다. 실제로 스스로 자신들을 그렇게 표현하는 사람들도 많이 봤다. 그런데 나와 같은 전문 용역업자는 공무원뿐만 아니라 대학교수들, 국책 연구원들의 눈치까지도 봐야 하는 위치에 있어 더욱 한심한 '영혼 없는 도구'다. 전문 용역업자들이 생산해 내는 모든 성과품(조사, 계획, 설계 성과)은 이들(공무원, 대학교수, 국책연구원)로 구성된 감독, 심의위원, 자문위원들의 심의와 통제를 받는다. 그래서 정부에 반하는 생각은 할 수 있을지언정, 표현하거나 행동으로 옮기면 살아남기 힘들다. 그러므로 용역 기술자는 오직 기술을 팔아먹고, 정부가 추진하는 사업을 합리화시키는 데 필요한 논리를 개발하는 하수인(도구)에 불과하지, 감히 옳고 그름을 표현할 수 있는 사람조차 못 된다.

아마 내 옛 동료도 위와 같은 일련의 과정을 잘 알기 때문에 마음에 있는 불안을 그렇게 표현했을 것이다. 이러한 과정을 잘 모르는 일반 국민은 유명세를 타는 박사들의 주장과 정부가 하는 일은 늘 옳다고 여길 가능성이 높다.

강원도에는 수많은 댐이 있다. 그러나 그 댐의 혜택은 하류 주민이 받고 댐의 폐해는 해당 지역 주민이 입고 있다. 나는 이 사실을 널리 알리고 댐 건설을 신중하게 진행해야 한다는 주장을 하기 위해 청와대, 국회, 행정부 고위 공직자를 만난 적이 많다. 그런데 그들을 만나면 하나같이 "댐을 전공했으니 댐 사업을 많이 벌려야 돈을 많이 버는데, 왜 댐 건설 반대에 앞장을 서는가?" 하고 물어 왔다. 그들 눈에는 모든 것이 오직 '돈'으로만 보이고, 사람들이 온통 '돈 귀신'에 씌인 사람들로 보이는 모양이다. 돈이 중요하다지만 사람이 어떻게 자기 이익에 반하면 반대하고, 자기 이익에 유리하면 찬성하는 '동물적 본능' 만으로 산다는 말인가? 특히 시장, 군수, 구청장, 국회의원 등 큰일을 도모하는 사람들은 개인의 부귀영화를 목적으로 해서는 안 된다.

　그래서 역사 바로 배우기가 필요한 것이고, 가치관 정립이 중요한 것이다. 우리가 배워 온 역사는 왕조실록 위주의 승자 독식 논리에 의한 역사, 영웅사관이었다. 영웅과 승리자가 역사를 만들어 간다고 배워 왔다. 그러니 온갖 술수를 써서라도 대통령, 국회의원, 도지사, 시장, 회장이 되려고 애쓴다. 그러나 역사의 주체는 백성이고, 백성에 의해 만들어지는 것이다.

　역사를 배우는 목적은 발생한 사건의 의미와 오늘 우리에게 주는 교훈을 알기 위해서다. 과거의 사건을 통해서 현재를 비판하고, 반성하며, 지혜를 배워 앞으로의 역사를 새롭게 만들기 위함이다. 또한 "옳은 것은 옳고, 그른 것은 그르다"고 바른 말을 할 줄 아는 실천적 지식인을 키워 내기 위해 역사를 배우는 것이다. 오늘날 학자들과 학생들에게 주체적인 역사의식과 민족정신을 갖도록 해 왔다면, 지금처럼 황금만능주의, 인간도구주의, 자연파괴주의, 영웅주의가 만연한 사회는 되지 않았을 것이다.

　나 역시 어려서는 영웅주의, 황금만능주의에 젖어서 큰 배의 선장(마도로스)이 되어 큰 야망을 갖고, 넓은 세상에 나가 돈도 많이 벌고, 큰 꿈을 펼치는 것이 인생의 목적이고 성공이라고 생각했다. 그런데 오십대 중반에 들어선 요즈음 야망이 크고 사회적으로 성공했다는 사람은 멀리하게 된다. 야망이 큰 사람은 자신의 야망을 이루려고 많은 거짓말을 하고, 많은 사람을 짓밟고, 많은 이웃을 희생시켜야 하기 때문이다. 말을 너무 잘하거나 말이 많은 사람도 멀리하게 된다. 말을 잘하는 사람일수록 머리 따로, 몸 따로 노는 사람이며, 머리를 굴리며 거짓말을 많이 할 수밖에 없기 때문이다. 가진 것이 많은 사람을 싫어하는 버릇도 생겼다. 이들은 하나같이 탐욕을 따르다가 타락하고, 가난하고 힘없는 사람들을 착취하는 데 혈안이 되어 있는 사람들이다. 이런 사람들은 하나같이 자연의 이치대로 살지 못하는 불쌍한 사람이기 때문이다.

대통령 선거공약으로 '대운하'를 내걸어 당선됐다고 마구 밀어붙이는 행위는 자연의 이치를 거스르는 일이다. 심지어 국가재정법을 갑자기 바꿔 보, 준설, 제방 사업이 재해 예방 사업이라는 명목으로 예비 타당성 조사도 생략하고, 4대강 사업 추진에 걸림돌이 될성싶은 환경부, 문화체육관광부, 감사원을 국토해양부의 하수인으로 만들어 버린 듯하다. 과반수 이상을 차지하는 여당도, 국회도 역시 그 손아귀에서 놀아나는 수족일 뿐이라고 생각하는 모양이다. 국회의원은 "국민을 대신해서 정부를 견제하고, 정부를 감시하는 역할"을 한다고 말하지만, 실제로는 무의미한 토론만 일삼을 뿐 한갓 거수기에 불과한, '겉 다르고, 속 다른 한심한 존재들'로밖에 보이지 않는다. 분명한 것은, 대운하 공약을 제시하고, 대통령으로 당선됐다는 이유로 대운하 사업이 정당화되는 것이 아니라, 대운하 공약으로 대통령이 됐다는 사실이 입증되어야만 정당해지는 것이다. 더구나 현재의 개념으로 자연을 개조해 버리면 뒷날 더 진전된 개념의 자연 개조는 불가능한 사업이라면, 후손에게 막대한 유지 관리 비용(매년 5,000억 원 내지 1조 원 소요)이라는 큰 짐을 지우는 사업이라면 더욱 그러하다.

자유민주주의는 결과가 아니라 과정을 통해서 발전하는 것이다. 그러나 군사독재시대인 1970년대, 1980년대에 성공한 사람들은 대부분 결과주의자들이다. 결과주의자들은 비리를 저지르더라도 목적만 달성하면 상관없다는 생각이 몸에 배어 있다. 필요하다면 힘을 동원해서라도,. 법을 바꿔서라도, 또 비리를 저질러서라도 목적만 달성하면 그만이라는 식이다. 21세기에 이런 일이 벌어진다는 것이 역사를 거꾸로 되돌리는 느낌이 들어 안타깝다.

  자연은 내버려 두면 스스로 자연스러워지고, 스스로 안정되기 마련이다. 홍수가 나면 홍수에 맞게 물길이 만들어지고, 가뭄이 나면 가뭄에 맞게 동식물이 생존하는 법이다. 그에 맞춰 동식물이 살라는 조물주의 뜻이기도 하다.

  지난 30년 동안 자연 개조 사업에 앞장섰던 내가 결연히 펴내는 이 책이 자연의 이치대로 살고자 노력하고, 물 복지 국가와 물 관련 정책의 민주화를 위해 그리고 부패의 고리를 끊고자 노력하는 이들에게 작은 도움이 되길 바란다.

대한민국은 물 풍족 국가이며, 물 복지 국가이다.